रविन्द्र बड़गैयाँ

तो अंग्रेज़ क्या बुरे थे

राधाकृष्ण  पेपरबैक्स

राधाकृष्ण पेपरबैक्स में
पहला संस्करण : 2013
पहली आवृत्ति : 2014

राधाकृष्ण पेपरबैक्स : उत्कृष्ट साहित्य के जनसुलभ संस्करण

राधाकृष्ण प्रकाशन प्राइवेट लिमिटेड
7/31, अंसारी मार्ग, दरियागंज
नई दिल्ली-110 002
द्वारा प्रकाशित

शाखाएँ : अशोक राजपथ, साइंस कॉलेज के सामने, पटना-800 006
पहली मंजिल, दरबारी बिल्डिंग, महात्मा गांधी मार्ग, इलाहाबाद-211 001
36 ए, शेक्सपियर सरणी, कोलकाता-700 017

वेबसाइट : www.radhakrishnaprakashan.com
ई-मेल : info@radhakrishnaprakashan.com

बी.के. ऑफसेट
नवीन शाहदरा, दिल्ली-110 032
द्वारा मुद्रित

मूल्य : ₹ 95

आवरण : देवप्रकाश चौधरी

TO ANGREZ KYA BURE THE
by Ravindra Badgaiyan

ISBN : 978-81-8361-579-2

समर्पित है

मेरे पिता स्वर्गीय श्री श्याम धर बड़गैयाँ

[1933-2006]

मेरे मित्र स्वर्गीय श्री संदीप सिंग

[आईआईटी, खड़गपुर, 1990]

[1968-2011]

प्रस्तावना

किसी तरह जब मैंने सौ के आसपास पन्ने लिखकर अपने प्रकाशक को भेजे और जान छुड़ाकर बैठा ही था कि उसके यहाँ से चिट्ठी आई कि आपने 'प्रस्तावना' तो लिखी ही नहीं। जल्दी से डिक्शनरी में उसका मतलब देखा–लिखा हुआ था 'भूमिका।' मैं असमंजस में पड़ गया। अब पूरी की पूरी किताब लिख जाने के बाद मैं किस चीज की भूमिका बनाऊँ? मैंने फोन उठाया और प्रकाशक से पूछा कि अब तो मैंने किताब लिख ली है फिर किस बात की भूमिका, बेचने की? बड़े सज्जन आदमी हैं, बोले, किताब छापने के लिए हमें प्रस्तावना चाहिए, तभी ये किताब छप सकेगी और जब छपेगी तभी तो बेचने की बात आएगी। उसके बाद हम दोनों ने एक-दूसरे को कुछ देर तक झेला फिर प्रकाशक महोदय ने एक गहरी साँस ली और बहुत ही शालीनता से कहा–पर किताब बिना प्रस्तावना के तो छप नहीं पाएगी, आपकी मर्जी, सोच लीजिए। उनके उस 'सोच लीजिए' में बहुत दम था। मैं वाकई सोचने को मजबूर हो गया। एक भूमिका के चक्कर में मेरी पूरी मेहनत शहीद होने की कगार पर थी। तब समझ में आया कि एक लेखक का दायरा कहाँ जाकर सिमट जाता है। वो सरकार, अफसर, भगवान और यहाँ तक कि सरकारी बाबुओं तक को लपेटे में ले सकता है या खिल्ली उड़ाने की जुर्रत कर सकता है पर किसी प्रकाशक की नहीं।

मैंने सोचा कि आखिर प्रस्तावना में लोग ऐसा क्या लिख देते हैं जो पूरी किताब में लिखने लायक नहीं रहता? तुरन्त ही मेरा खयाल उस ओर

दौड़ा जहाँ उसे नहीं जाना था–कहीं कुछ वयस्कों वाली बात तो नहीं होती है इसमें! बहुत–सी दूसरी किताबों में देखना शुरू किया तो पाया कि कइयों ने तो भूमिका में ही सारी किताब लिख डाली है। तब समझ में आया कि प्रस्तावना इतनी जरूरी क्यों है क्योंकि बहुत से लोग आजकल खाली प्रस्तावना पढ़कर ही काम चला लेते हैं और जाहिर है, वे वही किताब खरीदते हैं जिसमें प्रस्तावना हो अन्यथा उन्हें बुद्धिजीवी का ताज पहनने के लिए पूरी किताब पढ़नी पड़ेगी। उनका सोचना भी ठीक है क्योंकि जितने समय में वे एक किताब पढ़ेंगे उतने में तो न जाने कितनी प्रस्तावनाएँ पढ़कर किताब अलमारी में रख चुके होंगे। वैसे भी ऐसे लोगों के लिए बिना प्रस्तावना के किताब का कोई औचित्य ही नहीं है। यकायक मुझे मेरा प्रकाशक बहुत ही सुलझा हुआ मालूम पड़ा। पर शंका निवारण के लिए मैंने उन्हें फोन लगाया और कहा कि प्रस्तावना क्यों जरूरी है, मैं समझ गया। वे खुश हुए। फिर मैंने कहा कि जो किताब पूरी पढ़ते ही नहीं हैं उन्हें ये किताब हम बेचे ही क्यों? उन्होंने कहा कि ये इंटरनेट का जमाना है भाई, आजकल किताब पढ़ता ही कौन है ये तो कुछ हमारा साहस है कि हम फिर भी छापते हैं और कुछ आपका कर्मदंड कि आप लिखते हैं। मेरे मन में अपने लेखक होने का जो भी रहा–सहा आत्मसम्मान बचा था उसे भी अपनी मंजिल मिल ही गई। इतना सुनने के बाद अब मैं बहुत सुकून से रहता हूँ। अब अपनी या दूसरों की पीड़ा देख या सुन के न ही मुझे खयाल आते हैं और न ही लिखने को मेरा पेन उठता है। इसलिए प्रकाशक महोदय से करबद्ध निवेदन है कि इसे ही मेरी प्रस्तावना समझ छाप दें। आइन्दा से किताब लिखने की भूल कर अपनी बदकिस्मती को कभी नहीं जगाऊँगा।

आभार

इस किताब की शुरुआत काफी पहले हुई। तब मैं सिर्फ अपनी भड़ास निकालने के लिए लिखा करता था। हालाँकि अब भी वही करता हूँ। पर फर्क ये है कि अब इन्हें छपवाने का एक शौक साथ जुड़ गया है। इस व्यंग्य संग्रह को मुकम्मल स्वरूप देने में बहुतों की अहम भूमिका रही है क्योंकि इन्होंने अपने फालतू समय में इन लेखों को सुना और मेरा हौसला बढ़ाया, साथ ही अहसास दिलाया कि मैं दस-पंद्रह की मन्डली को ही नहीं, पूरे देश को चाटने की कुव्वत रखता हूँ। ये किताब उसी का परिणाम है। जाहिर है, इस किताब को पढ़ने के बाद शायद आप जानना चाहें कि आखिर वे कौन-कौन लोग थे जिन्होंने मेरा हौसला बढ़ा आप पर ये कहर ढाया है, तो मैं भी आज अपने पाठकों के साथ हूँ और आपको उन सभी लोगों के नाम बताता हूँ। अगर इनमें से किसी को जानते हैं तो कृपया खुद ही निपट लीजिएगा। शुरू से शुरू करना उचित होगा।

अनिल चतुर्वेदी, विक्रम भार्गव, स्वर्गीय संदीप सिंग, अरनब राय, शबनम वडेरा, प्रवीन वडेरा, दीपांकर घोष, अनुशुवा घोष, मुनेश कुमार, अरुणा शर्मा, संदीप चौबे, शानू चौबे, रेहान अब्बास, राजेन्द्र राही, रामसिया सिंग, जे.पी. सिंग, सुनील पंचोली, श्यामल करमाकर, बृजेश पटेल और जिनका नाम छूट गया है, वो ज्यादा खुश न होवें। एक न एक दिन उनका नाम भी यहाँ मैं लिखकर रहूँगा। क्या करूँ, मजबूर हूँ, अपने भारतवासियों के साथ दगा नहीं कर सकता, और भी कई अजीजों ने इसे सुना है पर कुछ राजनीतिक बन्दिशों की वजह से नाम देना ठीक न होगा। इनमें से कुछ वाकई लेखक

हैं और अपना कर्मदंड भोग रहे हैं और कुछ अपने आपको लेखक समझते हैं, पर सौभाग्य है कि हैं नहीं।

एक और नाम मैं लिखना चाहूँगा जिन्होंने इस संग्रह के कई लेखों के व्यंग्य और हास्य से असहमत होते हुए भी व्यंग्य की परिधि और परिभाषा के अनुरूप उसे सराहा और हँसकर मेरा हौसला बढ़ाया। इसके लिए मैं बौबी के प्रति अपना आभार व्यक्त करता हूँ।

हाँ, एक और नाम मैं लिखना चाहूँगा और वो है श्री श्रीकर रघुराम अय्यर। दो बार 'श्री' देख चौंकिए नहीं, ये वो श्रीश्री वाले बाबा नहीं हैं। इन्होंने मेरी लाख कोशिशों के बावजूद अपने फालतू समय में भी मेरे व्यंग्यों को सुनना पसन्द नहीं किया। ये वो शख्स हैं जो 'कभी खुशी कभी गम' नामक फिल्म में दस मिनट में ही बाहर आ गए और 'कुछ कुछ होता है' से पन्द्रह मिनट में और ये ऐलान कर दिया कि फिल्में बकवास हैं, पर फिल्में हिट हुईं। मेरे मन के किसी कोने में ये इच्छा जरूर थी कि श्रीश्री मेरे इस संग्रह को भी बकवास कह देते, पर ऐसा हुआ नहीं।

इस व्यंग्य संग्रह में व्यंग्यो के 'शीर्षक' अगर अच्छे लगें तो उसका श्रेय राजेन्द्र राही को दे दें और अगर वो इनकार कर दें तब मैं तो हूँ ही।

मैं स्वर्गीय श्री हरिशंकर परसाई जी और स्वर्गीय श्रीलाल शुक्ल जी के लेखों का आभार व्यक्त करना चाहता हूँ जिन्होंने ये किताब लिखने की प्रेरणा दी। मुझे भान है कि इस किताब को पढ़ने के बाद इन महानुभावों की आत्माएँ मेरा गला घोंटने की कोशिश जरूर करेंगी। पर उनकी कोशिशें जाया होंगी, ठीक उसी तरह जिस तरह उनके सशक्त व्यंग्यों और सटीक कटाक्षों की बौछार के बावजूद हिन्दुस्तान टस से मस न हुआ, और उनका ये इतिहास ही मुझे यहाँ उनका नाम लिखने की हिम्मत दे रहा है। अन्यथा मौत को भला कौन निमंत्रण देता है!

अन्त में मैं राजकमल प्रकाशन के श्री अशोक महेश्वरी जी और उनकी पूरी टीम का शुक्रगुजार हूँ कि तमाम चीजों के बाबजूद उन्होंने इस किताब को छापने का साहस किया।

–रविन्द्र बड़गैयाँ

अनुक्रम

सीधे आँगन में टेढ़ा नाच

जिन्दगी में बड़ा बनने की चाहत बहुत लोगों के दिल के किसी कोने में सिमटी और अक्सर सहमी-सी बैठी रहती है। कई लोगों में ये बचपन से होती है, किसी पैदाइशी बीमारी की तरह और बाकियों को ये समाज के सम्पर्क में आने के बाद होती है, किसी संक्रामक रोग की तरह, जिसके उन्मूलन के लिए कुछ नहीं किया जा रहा है। वैसे संक्रामक रोग अक्सर किसी मच्छर आदि के काटने से होता है पर ये रोग माँ-बाप की बरसों से दबी-कुचली महत्त्वाकांक्षाओं के डसने से होता है।

एक दिन पड़ोस में रहनेवाले वर्मा जी अपनी पत्नी और चार साल के बेटे के साथ मेरे यहाँ आ धमके। कुछ देर औपचारिकताओं का सिलसिला चला। फिर अचानक ही श्रीमती वर्मा बोल उठीं, वैसे उन्हें मिसेज वर्मा कहना उचित होगा।

—हमारा क्रिस (ये कुछ और नहीं, उनके बेटे का नाम था) आज अपने आप ही 'शीला की जवानी' गाने पर डांस करने लगा। ही इज सो टैलेंटेड।

इससे पहले कि मैं शिष्टाचारवश कुछ कहता, वो फिर बोल पड़ी।

—'क्रिस, अंकल को वो डांस करके दिखाओ।'

वो बालक भी जैसे भरा पड़ा हो, उगलने को आतुर। इधर मिसेज वर्मा ने गाना शुरू किया उधर वो चालू। गाना और डांस दोनों में अच्छा तालमेल था। गाना जितना बेसुरा था डांस उतना ही वाहियात। वो ऐसे बिलबिला रहा था जैसे किसी ने केंचुए पर नमक छिड़क दिया हो। अन्तर ये था कि केंचुए की हड्डियाँ नहीं होती हैं पर इस बालक की थीं। बेचारा

जिस तरह अपने हाथ-पाँव को ऐंठ और मरोड़कर जो कर रहा था, मुझे उसकी हड्डी खिसक जाने का डर सताने लगा और साथ ही उसके साथ सहानुभूति भी थी। आखिरकार कोई अपने माँ-बाप खुद तो चुनता नहीं है। डांस खत्म होते-होते पोयम शुरू हो गई। मुझे अनायास ही बन्दर और मदारी की याद आ गई। बच्चे की ऐंठती कलाई बन्दर की गुलाटी लग रही थी और मिसेज वर्मा का गाना मदारी का कर्कश स्वर। इस तरह ये रंगारंग कार्यक्रम करीब आधा घंटा चला। फिर हम सबने ताली बजाई। मिसेज वर्मा ने जाते-जाते अगले हफ्ते फिर आने की धमकी अपने बेटे से दिलवाई! मैं किसी तरह उनके जाते तक अपने चेहरे पर मुस्कुराहट बनाए रखने में सफल रहा। पर रात भर सोचता रहा कि जो मेरे घर में हुआ, वो था क्या? पूरा का पूरा वाकया मेरे गले नहीं उतर रहा था। आप अपने लँगड़े बच्चे की तुलना बेन जानसन से कर सकते हैं, आपका हक है। आप अपने पति को दुनिया का सबसे काबिल आदमी मान सकती है, आपके इख्तियार में है, पर पड़ोसियों को मूर्ख समझने का अधिकार आपको किसने दिया! बेसिर-पैर का गाना, उस पर वो बेसुर-ताल की गायकी और फिर वो ऐंठता हुआ बेचारा बच्चा। सबसे पहले मुझे खयाल आया कि इस भौंडे मजाक के लिए इन्होंने मुझे ही क्यों चुना? जाहिर है इस तरह की बेहूदगी कोई भी साधारण मनुष्य किसी के भी घर नहीं कर सकता है। हो सकता है, अली बाबा और चालीस चोरों की तरह ये लोग पहले चिह्नित करते हों और फिर धावा बोलते हों। क्या मैं इतना बेवकूफ लगता हूँ! ये वाकई चिन्ता का विषय था। उस ऐंठते बच्चे ने मुझे आत्म-अवलोकन करने पर मजबूर कर दिया। अपने आपसे आश्वस्त हो मैं इसे अपवाद समझ भूलने का प्रयास करने लगा। यहाँ तक डिस्कवरी चैनल भी देखना बन्द कर दिया क्योंकि जब कभी बन्दर, भालू या केंचुआ देखता तो मुझे वो रात याद आ जाती और ग्लानि होती कि मेरे सामने एक बेचारा बच्चा हाथ-पाँव ऐंठ-मरोड़कर बिलबिलाता रहा और मैं कुछ नहीं कर पाया। भला कोई माँ अपने बेटे के साथ ऐसा कैसे कर सकती है? कहीं ये किसी अनाथालय से लाया हुआ बच्चा तो नहीं? मैं कई हफ्तों तक इस तरह के सवालों से घिरा रहा। कुछ ही दिनों में मुझे बात समझ में आ गई

कि जिसे मैं अपवाद समझ भूलना चाह रहा था वो घर-घर की कहानी निकली। मेरा विचलित होना लाजिमी था। उस रात जो हुआ उसका विश्लेषण भी जरूरी था।

बच्चे ने ऐंठकर जबरन ही मेरा ध्यान अपनी ओर खींचा था। मैं शायद जिस बच्चे को सड़क चलते कभी पहचान भी नहीं पाता वो अब उस ऐंठन की वजह से हर रोज मेरी आँखों के सामने बिलबिलाता रहता है। भले ही उस रात उसे देखना मेरी मजबूरी थी फिर भी आदमी चाहे कितना भी निर्दयी क्यूँ न हो, अमूमन ऐसी चीजें ध्यान आकर्षित कर ही लेती हैं। हौसला बढ़ाने के लिए लोग तालियाँ भी बजा देते हैं। हालाँकि उस रात वो भी मेरी मजबूरी थी। इन तालियों के पीछे छिपी वेदना, करुणा और असहायपन के भाव को वो बच्चा नहीं भाँप पाता। उसे तो बस यही लगता है कि जो कुछ वो देख रहा है वह ही यथार्थ है।

धीरे-धीरे इन्हीं धारणाओं के साथ और उसी परिवेश में जब बच्चा बड़ा होता है और उसके माँ-बाप जब स्वयं ही उसे इस तरह की हरकत करने को प्रोत्साहित करते हैं तो उसकी वाहवाही लूटने की ललक और भी बढ़ती जाती है। और बड़े होकर बड़ा बनने का सिलसिला शुरू हो जाता है। हर वो चीज जो लोगों का ध्यान आकर्षित करे, उसे करने की प्रवृत्ति जन्म लेती है। मसलन वो किया जाए जो अमूमन लोग नहीं करते हैं। रूपक की भाषा में कहें तो लोग चड्ढी अन्दर पहनते हैं, आप पैंट के ऊपर पहनें। और बड़ा बनने की चाह में इस रूपक का लोग हर रोज इस्तेमाल करते हैं।

पर बड़ा बनने के साथ एक समस्या यह है कि दूसरे लोग आदमी को बड़ा बनाते हैं, आदमी खुद अपने आपको बड़ा नहीं बना सकता। अगर ऐसा होता तो बेहतर होता, आदमी खुद को बड़ा बनाकर खुशी से रहता, दूसरों की जान तो आफत में न आती। जिसे बड़ा बनना है, वा सुबह-शाम दूसरों की नाक में दम किए रहता है। कभी किसी जुलूस के माध्यम से तो कभी धरना, तो कभी कुछ और। इन हरकतों के पीछे लिजलिजाती हुई, दयनीय भिखारिन की विनती होती है कि कृपा करके मुझे बड़ा बनाइए।

टी.वी. चैनलों पर होनेवाली परिचर्चाओं और धारावाहिकों में आपको सैकडों लोग उस दयनीय भिखारिन की विनती मन में लिये, उस बच्चे की तरह ऐंठते और बिलबिलाते नजर आ जाएँगे। जिन पर दूसरों को दया आ जाती है, वे बड़े बन जाते हैं। फिर उसके साइड इफेक्ट शुरू होते हैं। बड़ा आदमी अपना बड़प्पन बनाए रखने के लिए उन आदमियों की खोज में रहता है जिनसे वो जाके घिर सके। तम्बाकू और खैनी की तरह उसे सम्मेलनों की तलब होती है जहाँ लोग आकर उसके पाँव छुएँ। और पाँव ऐसे छुआना जैसे कुछ हुआ ही नहीं हो, बड़े होने की सबसे बड़ी कला है। कुछ लोगों ने इसमें पारंगतता हासिल कर ली है, बाकी प्रयास में हैं। पाँव छूने की कसमसाहट महिलाओं में ज्यादा देखी गई है और जब महिलाएँ पाँव छूती हैं तो बड़प्पन और निखर के सामने आता है। पाँव छूने की प्रक्रिया चेहरे के भाव से शुरू होकर कमर के झुकने पर समाप्त होती है। इसीलिए आपने देखा होगा कि बड़े लोगों की नजर हमेशा उपस्थित महिलाओं के शरीर पर चेहरे से कमर के बीच भटकती रहती है, और तलाशती रहती है उस अटूट श्रद्धा को जो उनके बड़प्पन को निखारे। इस तरह बड़ा बनने की प्रक्रिया, एक मानसिक वेदना से शुरू होकर सामाजिक क्लेश में समाप्त होती है।

मैंने तय किया कि अब मैं इस मानवीय उपद्रव को बढ़ावा नहीं दूँगा। मुझे ज्यादा इन्तजार नहीं करना पड़ा। अगले ही दिन हमारे मोहल्ले के दुबे जी, साड़ी में लिपटी हुई कोई चीज, जिसका घूँघट अपने आपमें एक साड़ी के बराबर था, साथ लिये मेरे घर आ पहुँचे। दुबे जी बोले, माफ कीजिएगा–पर हमारे घर की औरतें गैर-शादीशुदा, पराए मर्दों से परदा करती हैं। एक मिनट के लिए लगा कि किसी ने मुझे जूता भिगा-भिगाकर मारा हो और मुझ पर थूककर माफी माँग रहा है। तन-बदन में आग लगी हुई थी, पर शिष्टाचार आड़े आ गया। तभी मेरी नजर पीछे खड़े बच्चे पर गई। बच्चे को देखते ही मेरा माथा ठनका। मेरा अन्दाजा सही था। घूँघट के अन्दर से आवाज आई–मिसेज वर्मा बता रही थी कि किसका डांस आपको बहुत अच्छा लगा। हमारा रोहन भी बड़ा होशियार है। न जाने क्यूँ मुझे रेलवे स्टेशन के भिखारियों की याद आ गई। एक को

दो तो दस और आ जाते हैं। इधर मैं सोच ही रहा था कि चीनी आक्रमण की तरह बिना भूमिका के, कार्यक्रम चालू हो गया। वही बिलबिलाना, वहीं कर्कश स्वर। मैं बेचैन हो उठा और कार्यक्रम रुकवाते हुए कहा–आप अपने बच्चे से चाहे जो करवाएँ पर कृपा करके डांस मत करवाइएगा कहीं कोई हड्डी चटक गई तो बेचारे की जिन्दगी बर्बाद हो जाएगी। मुझे लगा कि घूँघट के अन्दर कुछ हलचल हुई, पर क्या हुई, ये ठीक से कहना मुश्किल है। दुबे जी ने इधर-उधर देखा फिर बात सँभालते हुए कहा–बेटा, आज नहीं। अंकल की तबीयत खराब है। मुझे पूरा विश्वास है कि वे कहना चाहते थे कि अंकल का दिमाग खराब है पर उसी शिष्टाचार के वे भी शिकार हो गए और चलते बने।

तीन दिन बाद मेरी बाई ने बताया कि मुहल्ले भर में मिसेज वर्मा के साथ मेरे अनैतिक सम्बन्धों को लेकर चर्चा गरम है। मैं हैरत में रह गया। वो बोलती गई, कुछ तो ये भी कह रहे हैं कि उनके बच्चे की नाक मेरी नाक से बहुत मिलती है। फिर हफ्ते भर बाद पता चला कि वर्मा जी ने मुहल्ला ही छोड़ दिया।

इन सब चीजों का आगे चलकर उस बच्चे की मानसिकता पर क्या असर पड़ेगा, ये ठीक-ठीक कहना मुश्किल है, पर इस वाकये ने मेरे मस्तिष्क को जरूर झँझोर दिया है। समझ में आया कि मासूम-सा ऐंठता हुआ बच्चा कितना घातक हो सकता है। और ये भी कि एक माँ चाहे घूँघट में ही क्यों न हो, अपने बच्चे के लिए किस हद तक जा सकती है। और ये भी समझ में आया कि छोटे बच्चे को नाचता देख लोग क्यों झट से तालियाँ बजा देते हैं।

सुना है कि छोटे-छोटे बच्चों के स्कूल में जब कोई प्रतिस्पर्धा होती है तब बच्चे से ज्यादा मेहनत आजकल के माँ-बाप करते हैं। कैलेंडर बनाने की प्रतिस्पर्धा हो तब, राखी बनाने की हो तब सभी काम माँ-बाप ही बच्चों को करके देते हैं। ये तो अच्छा है कि स्पोर्ट्स डे की रेस में माँ-बाप के दौड़ने की कोई गुंजाइश नहीं होती वरना बच्चों की जगह हॉफ पैंट पहनकर वे ही दौड़ते नजर आते। बच्चे को हर छोटी से छोटी चीज में भी फर्स्ट आने को कहा जाता है। आखिर फर्स्ट आना है क्या बला! हिन्दुस्तान

के लाखों स्कूलों में करोड़ों कक्षाएँ हैं और हर कक्षा में हर साल कोई न कोई फर्स्ट आता रहा है। पिछले पचास सालों में करीब चालीस-पचास करोड़ लोग फर्स्ट आए होंगे पर क्या हुआ उन फर्स्ट आनेवालों का? फिर ये फर्स्ट आने की ललक क्यों? मैं आज तक नहीं समझ पाया। शायद इसीलिए कभी फर्स्ट भी नहीं आया। बड़ा बनने की बीमारी इन्हीं छोटी-छोटी चीजों के अवचेतन मन पर अंकित होने से उत्पन्न होती है, जो आगे चलकर कई जटिलताओं को जन्म देती है। जो कभी वाकई एक बड़ा चित्रकार बन सकता था वो फर्स्ट आने के चक्कर में इतना छोटा हो गया कि अब दिखाई भी नहीं देता। आप सोच रहे होंगे कि ये लेख अब गम्भीर होता जा रहा है। आप सही सोच रहे हैं, जब देश के भविष्य के साथ लोग इतना बड़ा मजाक कर रहे हों तो छोटे-मोटे व्यंग्य की क्या औकात!

ख़बरदार, बेवजह मरे तो

मैंने एक दिन तय किया कि बहुत हुआ अब इस दुनिया में और नहीं रहना है। जमाने के फूहड़पन से तंग आ चुका था। यहाँ जमाने की फूहड़ता का विवरण देना उचित न होगा क्योंकि हो सकता है कि आपमें से कुछ उसके जन्मदाता हों या हो सकता है कि उसे जानने के बाद आपको भी जीने की इच्छा न रहे और आपकी मुक्ति में साधन बनने की मेरी कतई कोई मंशा नहीं है। बहरहाल, मैंने आत्महत्या करने से पहले आत्महत्या कैसे की जाए, उस पर बहुत विचार किया। अन्यथा मैं दो-तीन साल पहले ही निकल लिया होता। अपने गहरे शोध के बाद मैं इस निष्कर्ष पर पहुँचा कि आदमी मौत से इसलिए डरता है क्योंकि उसे मौत के आगे का रास्ता और मंजिल का पता नहीं है। इनसान इस अनिश्चितता से डरता है। रास्ता और मंजिल पता हो तो कोई भी कहीं पहुँच सकता है सिवाय सरकारी धनराशि के जो कभी सही जगह नहीं पहुँचती, हमेशा भटक जाती है। जाहिर है, इसमें दोष लक्ष्मी की चंचलता का है, सरकारी बाबुओं का नहीं। मुझे भी अनिश्चितता से डर लगता था पर इतना भी नहीं कि इस दुनिया को झेलने को तैयार हो जाऊँ। मैंने तय किया कि आत्महत्या तो करनी ही है, पर मौत के आगे का रास्ता मैं अकेले नहीं तय करूँगा, दो-चार लोग साथ हों तो रास्ता ढूँढ़ने में आसानी होगी। पर अब समस्या यह कि साथ मरने के लिए किसे राजी किया जाए। अनायास ही मुझे अपने उन शादीशुदा दोस्तों का स्मरण हो आया जो अपनी बीवी का रोना रोते थे। मैं उनके घर जा धमका और उनसे आत्महत्या करने का आग्रह किया। पहले तो वे थोड़ा मुस्कुराए

पर जब यह आग्रह दोहराया गया तब भड़ककर बोले कि मेरी बीवी लाख बुरी सही पर तुमसे तो अच्छी है, कम से कम आत्महत्या करने को तो नहीं कहती और मुझे घर से निकाल दिया गया।

मैं दूसरे मित्र के पास पहुँचा, उन्होंने आग्रह सुन शान्त भाव से कहा–मैं तो पहले ही आत्महत्या कर चुका हूँ। अपनी बीवी की तरफ इशारा कर कहा–ये रही उसकी रसीद। मरे हुए को और कितनी बार मारोगे मेरे दोस्त! हालाँकि अब मुझे अपने दोस्तों से ज्यादा आशा नहीं थी फिर भी एक और शादीशुदा दोस्त के यहाँ जा पहुँचा। उसने मेरा आग्रह सुना और मेरे सामने ही अपनी बीवी को बता दिया। फिर आगे जो हुआ वो यहाँ लिखना मेरी शालीनता के खिलाफ है। आप शादीशुदा होंगे तो समझ ही गए होंगे। मैंने तय किया कि उस दिन के बाद से मैं किसी भी शादीशुदा आदमी की बात को गम्भीरता से नहीं लूँगा। मुझे लगा, जो बात मैं आज समझा हूँ पत्नियाँ पहले से ही जानती हैं।

लेकिन मेरी समस्या अब भी वही की वही खड़ी थी। मैं सोच में पड़ गया। फिर खयाल आया कि किसी गरीब आदमी के परिवार को अपनी लाखों की सम्पत्ति दे उसके बदले उसे आत्महत्या करने को कहा जाए। आत्महत्या करने को आतुर मैं पहुँच गया पास ही की एक बस्ती में। जब लोगों ने मेरी बात सुनी तो पूछा–क्या ये सरकार की कोई नई स्कीम है? बोले–हमारी जिन्दगी का तो सौदा न जाने वो कब से करती आ रही है वर्ल्ड बैंक के साथ, अब हमारी मौत का भी सौदा करने लगी। एक दूसरे व्यक्ति ने कहा–साहब, पैसे के लिए परिवार आप लोगों के समाज में बिछड़ते होंगे। हम लोग एक-दूसरे का साथ नहीं छोड़ते। इस कटाक्ष का मुझ पर रत्ती मात्र भी असर नहीं हुआ। पाठक भी इस बात से आहत न हों क्योंकि हम हिन्दुस्तानी दूसरों को ज्ञान देने या डायलॉग मारने से कभी नहीं चूकते हैं, ये हमारी खासियत है। लोग घर बैठे सचिन तेन्दुलकर को भी क्रिकेट सिखाने लगते हैं इसलिए इसमें बुरा मानने जैसा कुछ भी नहीं है।

यहाँ भी बात न बनते देख मैंने सोचा कि अस्पताल चलते हैं जहाँ रोज लोग मरते हैं, लग लेंगे किसी के साथ। पर वहाँ बचा लिये जाने का डर था। मरने की कोशिश करके बचने की मूर्खता मैं नहीं करना चाहता था। मुझे

चिन्ता थी कि जिस समाज में दसवीं और बारहवीं के छात्र सफलतापूर्वक आत्महत्या कर लेते हैं वहाँ मैं असफल रहा तो इस बात को लेकर मेरी जगहँसाई होगी। मरते वक्त भी जगहँसाई का डर मुझे घेरे हुए था।

फिर मैंने महाराष्ट्र के किसानों के साथ आत्महत्या करने की सोची पर उस साल मानसून ने मुझे धोखा दे दिया, इस साल बारिश अच्छी हुई थी। एक सौ बीस करोड़ की आबादी वाले गरीब देश में मुझे साथ मरने को एक भी आदमी नहीं मिल रहा था, इस बात से बड़ी कोफ्त हुई। अगर बात जिन्दगी भर साथ निभाने की होती और कोई तैयार न हो तो बात समझ में आती है पर साथ मरने में लोगों को क्या दिक्कत है? लेकिन मैंने भी आत्महत्या करने की ठान ली थी। मैं अपने गली-मुहल्ले में लोगों के घर जा-जाकर पूछने लगा। एकाध दिन में हालत ये हो गई कि मुझे सामने से आता देख लोग या तो वापस मुड़ जाते या अपना रास्ता ही बदल लेते जैसे मैं कोई टाइम बम लिये उनकी तरफ बढ़ा चला जा रहा हूँ। जिन्दा लोग मरनेवाले से इसी तरह डरते रहे हैं और मुमकिन है, इसी ने दहशतगर्दों की हिम्मत बढ़ाई है। घर में पति भी पत्नियों की इस धमकी के कारण ही अपने आपे में रहते हैं। शादीशुदा जिन्दगी से अगर ये **'धमकी रस'** निकाल दिया जाए तो शादी के बाकी रसों में कितना दम है, ये अपने आप ही सामने आ जाएगा!

कुछ दिन यूँ ही गफलत में बीत गए। एक दिन यकायक ही खबर आई कि पास ही में अभी-अभी रेलगाड़ी दुर्घटनाग्रस्त हुई है और आशंका जताई जा रही थी कि बहुत लोग हताहत हुए हैं। मैंने अपनी मौत का सामान लिया और वहाँ जा धमका और एक टूटी-फूटी बोगी के अन्दर घुसा। दृश्य हृदय-विदारक था। अन्दर कुछ पहले ही निकल चुके थे, पर कुछ एक में साँसें अभी बाकी थीं। मुझे आता देख लोगों ने मदद के लिए हाथ बढ़ाया, उनकी बुझती साँसों की लौ झिलमिलाई और आवाज लगाई। पर जब मैं उनकी मदद करने की बजाय उनके बगल में चुपचाप लेटने को हुआ तब उनके आश्चर्य का ठिकाना न रहा। और उस बेबसी में भी उनका चेहरा देखने लायक था जिसे शब्दों में बयाँ करना मुश्किल है। फिर मैंने जैसे ही जहर की शीशी पी, एक से तो ये दृश्य देखा न गया उसकी रही-

सही आशा भी जाती रही और उसने तभी दम तोड़ दिया। मरने के बाद भी उसके चेहरे पर हैरत और असहायपन के दयनीय भाव एक फोटो की तरह चिपक गए थे। निस्सन्देह ये मौत कुंठा और हताशा से हुई थी। पर ऐसी सामाजिक मौतें तो देश में हर रोज होती हैं और इन पर ज्यादा तवज्जो भी नहीं दी जाती है। गनीमत थी, जहर पीते वक्त वहाँ कोई और नहीं था क्योंकि कुंठा और हताशा से हुई मौतों का हरजाना भी नहीं मिलता। पर अब इस मौत को रेल दुर्घटना के आँकड़ों में जोड़ दिया जाएगा।

बहरलाल, किसी तरह जब मेरी जान निकली तब मैंने देखा कि बहुत सारी आत्माएँ दीये की लौ की तरह टिमटिमाती ऊपर चली जा रही हैं। जैसे आजादी की खुशी में लोग मशाल जुलूस निकाल रहे हों। मुझे खुशी थी कि मेरे साथ पूरा काफिला जा रहा था, अब रास्ते की मुझे चिन्ता नहीं थी। आखिरकार, मेरी तीन साल की शोध और कड़ी मेहनत रंग लाई। पर जैसे ही मैं कुछ ऊपर उठा वहाँ एक लौ अपनी जगह पर रुकी हुई थी और बीच-बीच में फड़फड़ा उठती। फिर तेजी से मेरी ओर लपकी। मैं समझ गया ये वो ही था जिसने मुझसे मदद माँगी थी। उसने कहा–तुमने जो किया वो कतई मानवीय नहीं कहा जा सकता।

मैंने स्वीकार किया और कहा कि पर अब तो हम सब भूत हैं इसलिए जो हुआ उसे भूलकर भूतनीय आचरण की बात करें।

इस पर वो लौ गुस्से से लाल-पीली हो गई। जीवन में पहली बार इस मुहावरे को सही होते देखा मैंने। वो मुझे मेरी शिकायत करने की धमकी देकर चलती बनी। यह सोच कि बेचारा नया-नया भूत बना है और आहत है इसलिए मानवीय आचरण से बाहर आने में समय लेगा, मैं चुपचाप उसके पीछे हो लिया। वो बीच-बीच में मुड़ के मुझे देखता और जोर से फड़फड़ाता, मुझे बड़ी हँसी आ रही थी। इससे वो और चिढ़ता। मैं सहर्ष शरीर छोड़ आत्मा रूप में आ चुका था और उसकी आत्मा अब भी मानव के शरीर से लिप्त थी। मानव शरीर आत्मा में कैसे-कैसे विकार पैदा कर देता है, यह मुझे साफ नजर आ रहा था। वो चिढ़ता रहा और मैं अपनी हँसी नहीं रोक पा रहा था। इस तरह हम पृथ्वी के सतह से ऊपर पहुँच गए। निर्मल-स्वच्छ आकाश के बीच नीले रंग की पृथ्वी साफ नजर

आ रही थी। यहाँ से उस सुन्दर दृश्य को देख कोई ये कल्पना भी नहीं कर सकता था कि पृथ्वी में इतनी फूहड़ता व्याप्त होगी। वाकई दूर के ढोल सुहावने होते हैं। तभी मुझसे एक अधेड़ उम्र के दूत ने मेरा नाम-पता पूछा, फिर रजिस्टर में चेक करने के बाद कहा कि आपका नाम यहाँ नहीं है। आपने जरूर आत्महत्या की होगी और उसने बड़ी ही हिकारत भरी नजरों से मुझे देखा और बड़बड़ाया–होगा कोई लैला-मजनू का चक्कर, पृथ्वी लोक में नमूनों की कमी थोड़े ही है! इससे पहले कि मैं कुछ कहता वो फिर उखड़े स्वर में बोला–आत्महत्या करनेवालों को यहाँ से बाईं तरफ से जाना है और वह दूसरों के आदर-सत्कार में व्यस्त हो गया। दूत उन्हें रास्ता बता रहा था और उन्हें आगे सुस्ताने की जगह भी दिखाई। मुझे जिधर जाना था उधर दूर-दूर तक अँधेरा ही अन्धेरा था। मैंने उस दूत से पूछा–अरे भाई, उधर किधर, रास्ता तो बता दो।

उसने झल्लाकर कहा–सीधा जाओ, आगे शनि ग्रह से दाहिने मुड़ जाना। सामने एक दूसरी आकाशगंगा मिलेगी, वहाँ से बाएँ सीधा मृत्युलोक।

मैंने हिम्मत कर पूछा कि थोड़ी देर सुस्ताने की जगह मिल जाएगी, थोड़ा आराम कर लूँ?

इस पर वह मुझे ढकेलते हुए बोला–ये तुम्हारे लिए नहीं है और जल्दी निकलो यहाँ से अगर नक्षत्र बदल गए तो कई सौ साल तक प्रेत बनकर भटकते रहोगे इस ब्रह्मांड में।

मुझे उसकी बात में दम लगा क्योंकि 'नक्षत्र बदलने' वाली बात कुछ टेक्निकल थी। कोई टेक्निकल बात करे तो हम सहमत होने के इतने आदी हो चुके हैं कि मेरी आत्मा ने इसे सहर्ष स्वीकार कर लिया। मैंने भागना शुरू किया। ये बात तो साफ थी कि आत्महत्या करनेवालों को यहाँ इज्जत की नजर से नहीं देखा जाता है। खासकर वो लैला-मजनू वालों को। अब मैं अकेला भागा जा रहा था। मुझे लगा कि मेरी तीन साल की मेहनत बेकार गई। अकेले ही जाना था तो तीन साल पहले ही निकल लिये होते, यूँ ही धरती पर फूहड़ों से उलझता रहा। फिर याद आया कि पृथ्वी में बड़े-बड़े ज्ञानी कह-कहकर थक गए कि बेटा एक दिशा में चलना शुरू तो करो, रास्ते अपने आप खुलते जाएँगे पर कलमुँही विज्ञान के झाँसे में

आकर, मैंने उनकी एक न सुनी। और ये कहकर टालता गया कि ऐसे कैसे, ये कोई चमत्कार है क्या?

खैर, मैं खुश था कि रास्ता और मंजिल मुझे दोनों ही का पता चल गया था। किसी तरह जब मैं मृत्युलोक पहुँचा तो वहाँ यमराज स्वयं मेरा इन्तजार कर रहे थे। पहुँचते ही उन्होंने कहा–तुम हत्यारे हो, तुमने दो जानें ली हैं...इसे नरक में डाल दो।

मैंने निवेदन किया–आपको जरूर कोई गलतफहमी हुई है।

उन्होंने समझाया कि मेरी पूरी फाइल उनके पास है जिसमें ही देखकर वे बोल रहे हैं।

मैंने तीखे स्वर में कहा–मैंने कोई हत्या नहीं की है, ये जरूर यहाँ के किसी बाबू की कारस्तानी है।

उन्होंने फिर समझाया कि इस बारे में वे स्वयं ही फाइल तैयार करते हैं।

मुझे उस पहले वाले दूत का रवैया याद आया और मैंने आव देखा न ताव और चिल्लाया–अपने दूत की तरह आप भी मेरे साथ पक्षपात कर रहे हैं।

इस पर वे बिगड़कर बोले–मूर्ख! मुझ पर संशय करता है। पृथ्वीलोक में तुझे सिखाया नहीं कि देवताओं से कैसे पेश आते हैं! तूने दो हत्याएँ की हैं एक तो खुद की और दूसरा उस भले आदमी की जिसको मदद करने की बजाय तुम उसकी बगल में जा लेटे। और मजे से जहर पीकर तुमने मौत और जहर दोनों का मजाक उड़ाया है। तुम्हें वहाँ भेजा गया था उसकी मदद करने के लिए क्योंकि उसकी मौत अभी नहीं लिखी थी। उस बेचारे ने हाईकोर्ट में जनहित की चार याचिकाएँ दर्ज की थीं, एक का भी फैसला उसके हक में आता तो वो बड़ा आदमी बन जाता। फिर वो अपनी तीन बेटियों का विवाह अच्छे घरों में कर सकता था। बूढ़ी माँ का इलाज करवा सकता था।

मैंने कहा–फिर तो उसे खुश होना चाहिए कि मैंने उसे इन सब मुसीबतों से छुटकारा दिला दिया।

वे कड़ककर बोले–मूर्ख, तूने पृथ्वीलोक को समझा ही नहीं। पृथ्वी

ब्रह्मांड की जेल है। सजायाफ्ता लोगों को वहाँ भेजा जाता है। पृथ्वी पर कबड्डी खेली जाती है और तू कबड्डी गुल्ली-डंडा के नियम से खेल रहा था। पराजित तो होना ही था। ये बात समझ ले कि पृथ्वी पर लोगों को सिर्फ कबड्डी ही खेलने के लिए भेजा जाता है। जो थोड़ा सौम्य प्रवृत्ति के होते हैं वे उस कबड्डी से अम्पायर बन जाते हैं पर खेलते सब कबड्डी ही हैं।...तेरी नासमझी पर तरस खाकर मैं तुझे दो विकल्प देता हूँ पहला या तो तू यहाँ से नरक जाएगा क्योंकि तूने हत्याएँ की हैं, मौत का मजाक उड़ाया है और तुझे जिसे बचाने भेजा था उसे मारकर विधि के विधान का अपमान किया है। दूसरा कि तू वापस पृथ्वी लौट जा और गरिमा के साथ सहर्ष अपनी सजा पूरी कर। क्योंकि आज नहीं तो कल सजा तो पूरी करनी ही पड़ेगी। आज नहीं माना तो नरक में रहने के बाद तुझे फिर एक बार अपनी सजा पूरी करने के लिए पृथ्वी पर ही जन्म लेना पड़ेगा।

मैं जो सुन रहा था मुझे उस पर विश्वास नहीं हो रहा था।

मैंने पूछा–भगवान, और जो मैंने अच्छे काम किए, जैसे–हर रोज पूजा करना, कभी किसी के साथ जान-बूझकर धोखा नहीं किया, जितना हो सका दूसरों की भलाई करने का प्रयास किया, गलती से गलती होने पर भी माफी माँगी और प्रायश्चित्त करने का मार्ग खोजा...

यमराज ने बीच में काटते हुए कहा–इन सबका भी हिसाब होगा पर सजा काटने के बाद। अब जल्दी बताओ कि क्या चाहते हो, अगर तुम्हारे शरीर को जला दिया तो वापस जाने का विकल्प भी नहीं रहेगा।

मैंने तुरन्त ही वापस जाना स्वीकार कर लिया।

यमराज थोड़ा मुस्कुराए और कहा– तथास्तु! अब कबड्डी, कबड्डी के नियमों से ही खेलना। जाओ भिड़ जाओ।

तब मुझे समझ में आया कि जिसे मैं फूहड़ता समझता था वो वाकई में कबड्डी थी। इस तरह मैं वापस धरती पर हर आदमी की तरह कबड्डी-कबड्डी करता हुआ घूम-घूमकर सजा काट रहा हूँ।

छुट्टा बेकाबू यानी बाबू

हिन्दुस्तान ही नहीं और भी ग्यारह मुल्कों की जनता सरकारी बाबुओं से निजात चाहती है पर सरकारी बाबुओं को हटाना मुश्किल ही नहीं, नामुमकिन है। देखा जाए तो डॉन और सरकारी बाबुओं में ज्यादा फर्क नहीं है। डॉन है, ये सबको मालूम है पर कहाँ है कोई नहीं जानता। ठीक उसी तरह ऑफिस में बाबू है सबको मालूम है पर कहाँ है किसी को नहीं मालूम। बेचारी जनता दोनों के आगे बेबस है। फर्क सिर्फ इतना है कि डॉन, डॉन बनने के लिए अपनी जगह बनाता है पर बाबू अपनी जगह पर आकर डॉन बनता है। डॉन अपनी जान हथेली में लेकर घूमते हैं और बाबू दूसरे की (फाइल)। बाबू देश को अन्दर से खोखला करते हैं डॉन बाहर से।

बाबुओं के इस जीवन-दर्शन से प्रेरित हो एक दिन डॉन ने सोचा कि अगर बाबुओं के साथ मिलकर काम किया जाए तो ताकत दुगुनी हो जाएगी। उसने बहुत से बाबुओं को अपने गिरोह में हिस्सेदारी दे दी। बाबुओं ने कहा—हम आपके हथियारों से काम नहीं कर सकते हैं, हमें अपने हथियार चाहिए। उन्हें फाइलें बनाने की इजाजत मिल गई। हर शूटर की फाइल बनी। उसमें उसके बचपन से लेकर उस दिन तक का पूरा विवरण था। उसकी कार्य-कुशलता यानी मर्डर, बलात्कार, अपहरण आदि के साथ-साथ उसकी सफलता अनुपात के आँकड़े भी थे। साथ ही अन्त में, दगा देने की स्थिति में, परिवार के उन लोगों के नाम, पते और फोटो थे जिनको उठाया जा सकता था। ये सब देख डॉन बहुत प्रभावित हुआ। पर शूटरों का दिमाग ठनका। बाबुओं ने उन्हें खुश करने के लिए टी. ए.

और डी. ए. की व्यवस्था कर दी। शूटर खुश हो गए। एक दिन मर्डर करने के बाद शूटर अपना हिसाब करने आया। बाबू ने उसे एक लम्बी-चौड़ी अपनी टिप्पणी पकड़ा दी। उसमें लिखा था–एक आदमी का मर्डर करने के लिए कार का इस्तेमाल क्यों किया? किसी मोटर साइकिल से जा सकते थे। अगर ये काम रात में किया जाता तो बहुत सारे अन्य खर्चे बचाए जा सकते थे। मारने के लिए तीन गोलियाँ चलाई गई हैं एक गोली काफी थी। छह गोली दी गई थी बाकी की तीन वापस नहीं हुई हैं। मर्डर के बाद छुपने इतनी दूर अहमदाबाद जाने की क्या जरूरत थी? आदि-इत्यादि। शूटर भन्ना के बोला–ये सब क्या है? बाबू ने कहा–बेटा ये, ऑडिट ऑब्जेक्शन है, जब तक डॉन की स्वीकृति नहीं होगी तब तक पैसे नहीं मिल सकते। शूटर ने गुस्सा काबू में करते हुए पूछा तो कब आऊँ? बोले–एक्सप्रेस सर्विस के पैसे लगेंगे। शूटर अकड़कर बोला–मैं घूस नहीं देता शूट कर देता हूँ। बाबू मुस्कुराया और बोला–बेटा, दुनिया में फाइल से बड़ी कोई गोली नहीं है और तुम्हारी भी फाइल मेरे पास है। इन फाइलों ने अच्छे-अच्छों को जेल पहुँचाया है। जाओ-जाओ, अगले महीने पता करना। उसने डॉन से मिलने की कोशिश की तो वहाँ भी एक बाबू कुंडली मारे बैठा था, डॉन का सेक्रेटरी उसे मिलने न दे। गोली से भिन्न, फाइल का मारा तड़प-तड़प के मरता है। हुआ भी कुछ ऐसा ही, फाइल के चक्कर काटते-काटते एक दिन भूख के मारे गश्त खाकर गिर पड़ा और उसने प्राण त्याग दिए।

हर नए काम के लिए बाबू डॉन को तीन शूटरों के नाम का पैनल बना भेजते थे, उनमें से एक नाम डॉन चुनता था। अब शूटरों का ज्यादातर समय इन बाबुओं की तीमारदारी और खुशामद में गुजरने लगा जिससे उनका नाम पैनल में आ जाए। इतना ही नहीं, अब शूटर अपनी आपसी रंजिश निकालने के लिए बाबुओं को घूस देकर दूसरे शूटरों को पकड़वाने लगे जिससे कि ज्यादा से ज्यादा काम इनको मिले। धीरे-धीरे शूटर कम होने लगे और डॉन सुबह से देर रात तक फाइलों में उलझा रहने लगा। फिर सुनने में आया कि एक दिन डॉन ने सब बाबुओं को बुलाया और शूट कर दिया और आजकल जेल में है। उसने इतने मर्डर किए बच गया,

बाबू मारे तो फँस गया। बाबू उस च्युइंगम की तरह है जो मुँह में डालते वक्त अच्छा लगता है फिर अचानक खारा हो जाता है और थूकने पर इधर-उधर चिपकता रहता है। जरा सोचिए, जिस कुर्सी पर आप बैठे हो उसमें इधर-उधर चबाए हुए सैकड़ों च्युइंगम हो तो आप क्या करेंगे! मंत्रियों की मैं इसी बात का कायल हूँ, वो फिर भी पाँच साल सरकार चला लेते हैं। अब सोचिए, वो मंत्री क्या चीज होगा जो चबाए हुए च्युइंगम को मात दे दे, बेचारे डॉन तक को तो जेल जाना पड़ा।

हर चीज अपनी जगह पर ही अच्छी लगती है, मसलन-भगवान मन्दिर में अच्छे लगते, पर अक्सर चोरों के यहाँ पाए जाते हैं। महात्मा गांधी सिर्फ देश में ही अच्छे लगते हैं। भगतसिंह दूसरों के घरों में। राणा प्रताप पूर्वजों में और जयचन्द किसी के घर में अच्छा नहीं लगता, चाहे वो घर पाकिस्तान में ही क्यों न हो? कमोड, जाहिर है ड्राइंगरूम में अच्छा नहीं लगेगा। हालाँकि उस पर भी गद्दा लगाकर बैठा जा सकता है। ठीक वैसे ही, बाबू अपने घर में ही अच्छा लगता है। बड़ा बाबू हो तो और उत्तम। क्योंकि बाबू पूरा देश चलाते हैं मंत्री से लेकर संत्री तक को। बाबुओं की हड़ताल हो जाए तो देश रुक जाएगा। पर वो ऐसा नहीं करते क्योंकि उससे नुकसान होता है देश का और खुद का। बाबुओं को नुकसान पसन्द नहीं है। इसलिए कागजों में गलतियाँ ढूँढ़ते रहते हैं। बाबुओं की खासियत है वे वहाँ भी गलती निकाल लेते हैं जहाँ होती नहीं। घपले से लेकर विकास तक सभी बड़ी चीजें बाबुओं की मोहताज हैं। इसलिए जो देश में कुछ करना चाहते हैं उनमें बाबू बनने की तीव्र इच्छा होती है।

बाबुओं की देश-निर्माण में भूमिका से लोग चिढ़ते हैं, जब बाबू पैसे माँगता है तो लोग चिल्लाते हैं पर डॉक्टर को खुशी-खुशी दे देते हैं। जबकि डॉक्टर सिर्फ नजर बदलता है, बाबू पूरा नजरिया। छोटा बाबू खरगोश की तरह बहुत ही लचीला और चंचल होता है, फाइलों को इधर-उधर करता रहता है पर जैसे-जैसे बड़ा बनता जाता है शायद उसकी मौत आती जाती है क्योंकि उसका शरीर धीरे-धीरे अकड़ने लगता है। आँखों का पानी सूखने लगता है। वो गीदड़ की तरह अक्सर शहर में पाया जाने

लगता है। खैर, मौत तो सभी को आती है, बाबुओं को भी आएगी। पर बहुत से बाबुओं की हरकतों को देख ऐसा नहीं लगता कि वे इस तरह से धन एकत्र करने में जुटे होते हैं जैसे उन्हें हजारों साल की व्यवस्था करनी है। पर बाबू स्वभाव से उथले नहीं होते हैं, वे साधारण जीवन व्यतीत करते हैं। उथले लोगों की तरह वे अपने पैसे की नुमाइश कभी नहीं करते। वो तो जब सरकार जबर्दस्ती खुद उनके घर जाकर पूछती है तो दो-दो, तीन-तीन सौ करोड़ की सम्पत्ति का पता चलता है। तब कहीं जाकर दुनिया को जाहिर होता है कि वे कितने रईस हैं।

वैसे तो 'बाबू पुराण' में उनकी अनेक लीलाओं का वर्णन है। और 'बाबू चालीसा' का पाठ करनेवालों की भी कमी नहीं है। पर सवाल ये है कि बाबुओं को ये शक्ति मिलती कहाँ से है? बाबुओं के एक देवता हैं, वही उन्हें हर अच्छाई और बुराई दोनों से बचाते हैं। उन्हें वरदान देते हैं, जैसे ब्रह्मा ने कभी भगवान शंकर को दिया था—हे बाबू, तुझे अच्छे-बुरे, पाप-पुण्य, धर्म-अधर्म, सात्विक-तामसिक किसी का भी बोध न हो। तुम्हें जो ठीक लगे, करो, मेरे रहते तुम्हारा कोई बाल भी बाकाँ नहीं कर सकता है। साधारण तौर पर भगवान वरदान दे के विलुप्त हो जाते हैं पर बाबुओं के भगवान भारतीय संविधान में जा घुसे और आज भी वहाँ अनुच्छेद 311 के रूप में विराजमान हैं। हर बाबू के मन में इस भगवान का भव्य मन्दिर होता है जिसकी नित्य प्रतिदिन उपासना से इन्हें शक्ति मिलती है। ये सिर्फ बाबुओं के देवता हैं, इनको प्रसन्न करने का मार्ग बाबुओं से होकर गुजरता है। इसलिए 'बाबू चालीसा' का पाठ अनिवार्य है।

'बाबू चालीसा' का पाठ करते वक्त ये स्मरण रहे कि बाबू शब्द की उत्पत्ति अंग्रेजी के 'बबून' यानी बन्दरों की एक प्रजाति से हुआ है। अंग्रेज भारतीयों को अपना सूट पहनाकर क्लबों आदि में काम करवाते थे और 'बबून' कहकर मजाक उड़ाते थे। इस तरह 'बाबू चालीसा' और 'हनुमान चालीसा' दोनों के मूल में बन्दर ही है। फर्क इतना है कि हनुमान जी हमें मुफ्त मिल गए थे पर बाबुओं की हमें बड़ी कीमत अदा करनी पड़ी। बाबू बहुत ही कीमती चीज है। कोहनूर हीरा और लाखों टन खनिज सम्पदा के

एवज में अंग्रेजों ने हमें बाबू दिए हैं। अंग्रेजों की गालियों और गोलियों का हिसाब न भी करें तो भी इन बाबुओं की कीमत लाखों करोड़ रुपए तो होगी ही। हालाँकि हम सबके पूर्वज बन्दर ही थे पर ये 'बबून' हिन्दुस्तान को बहुत महँगा पड़ा। संविधान बनाते वक्त उसके निर्माताओं ने सोचा होगा कि आजादी के बाद भारत की जनता इन बाबुओं को खरोच-खरोचकर अपना लाखों करोड़ रुपया वसूलेगी, इसलिए अनुच्छेद 311 में इनका विशेष ध्यान रखा गया। पर हुआ ठीक उलटा। हाथ में उस्तरा आते ही उसने अंग्रेजों की नकल उतारनी शुरू कर दी। और ऐसा पंजा मारा है कि इनकी दहशत से हिन्दुस्तान आज तक काँप रहा है।

बाबुओं के राज में बाबुओं के भगवान को हटा पाना मुश्किल ही नहीं नामुमकिन है। इसलिए पाठकों से मेरा निवेदन है कि बाबुओं से निजात पाने की बात सोचकर टाइम पास न करें। हर सुबह स्नान कर 'बाबू चालीसा' का पाठ करें, आपके बिगड़े हुए सरकारी काम भी सफल होने लगेंगे। अगर आप नित्य प्रतिदिन किसी भगवान की पूजा करते हैं तो इस गफलत में मत रहिएगा कि आपके भगवान बाबुओं को सँभाल लेंगे, उन्हें भी अपना मन्दिर बनवाने के लिए इन्हीं बाबुओं से खुशामद करवानी पड़ती है। इसलिए सरकारी कामों के लिए 'बाबू चालीसा' का पाठ अनिवार्य समझें।

सही–गलत का फेर

हे परवरदिगार,

अहले अदम से अहले वतन तक, जमीं से आसमाँ तक, जल से अग्नि तक और भी न जाने कितनी कायनातों की रचना कर, आपने अपने फन को खूब तराशा है। अजीम नियामत वाकई काबिले तारीफ है। बहुत-कुछ ठीक बना पर जो गलत बना उसका क्या? या फिर जो ठीक बना पर समय के साथ गलत हो गया उसका क्या? वो लापरवाही थी या एक बेहूदा मजाक। अक्सर सोचता हूँ जिसने इतनी जटिल संरचना की है वो इतना लापरवाह कैसे हो सकता है! आपने इनसान बनाए ठीक, उन्हें दिमाग दिया ठीक, उन्हें सोचने–समझने की शक्ति दी ठीक। पर उनमें से कुछ को जो सृजन शक्ति दी, जैसे–शायर, कहानीकार इत्यादि बनाया, गलत। क्योंकि जिस चीज का दुनिया में कोई मोल ही नहीं है, उसे देकर क्या फायदा! हालाँकि आपने शराब बनाकर कुछ हद तक भूल सुधार करने का प्रयत्न किया है पर मेरी समझ में वो नाकाफी है।

आपने हिन्दुस्तान बनाया, ठीक, अफगानिस्तान बनाया, ठीक, पाकिस्तान बनाया, ठीक। हिन्दुस्तान के बगल में बनाया, गलत। हम हिन्दुस्तानियों को सजा ही देनी थी तो अमेरिका को बगल में कर देते, पाकिस्तान की क्या जरूरत थी!

आपने अमीर इनसान बनाए, ठीक। आपने गरीब बनाए, बहुत उम्दा किया, नहीं तो अमीरों को ऐशो–आराम के लिए नौकर कहाँ से मिलते! पर गरीबों को पेट दिया, गलत। चलिए, मान लिया, एक बार आपसे

गलती हो गई पर गरीब के बच्चे को फिर से पेट दे दिया...सरासर गलत। एक ही गलती को कितनी बार दोहराएँगे।

आपने ईरान बनाया, ठीक, इराक बनाया, ठीक। उन्हें तेल दिया, बहुत अच्छा किया, नहीं तो न जाने बेचारे क्या करते! सद्दाम हुसैन बनाया, ठीक, फिर उसको जल्दी ही वापस बुला लिया। इसे मैं भूल सुधार समझूँ या फिर यह कि अमेरिका के आगे आप भी बेबस हैं!

आपने चीन बनाया, ठीक, उन्हें छोटा कद दिया, ठीक, अभी इतना उपद्रव करते हैं अगर कद बड़ा होता तो न जाने क्या-क्या करते! आपने चीन की दीवार बनाकर अच्छा काम किया क्योंकि जावेद अख्तर को 'दीवार' फिल्म के फेमस डायलॉग का आइडिया इसी दीवार से आया था। उन्हीं दिनों की बात है, एक दिन जापान और चीन के प्रधानमंत्री चीन की दीवार पर बैठ शेखी बघार रहे थे। जापान ने कहा—मेरे पास Technology, Semi Conductor, Electronic Gadgets हैं, तुम्हारे पास क्या है? चीन ने कहा—मेरे पास मा...ओ है।

आदमियों को दिमाग दिया, ठीक। दिल दिया, ठीक। औरतों को दिमाग दिया...पता नहीं ठीक किया है कि नहीं। उन्हें दिल दिया, ठीक, पर वो अक्सर अपना काम छोड़कर दिमाग का काम करती हैं। औरतों में पता नहीं दिमाग क्या काम करता है क्योंकि वे सोचती तो दिल से हैं। औरतों को बोलने की शक्ति दी ठीक, उन्हें दाँत दिए, गलत। वे बोलकर ही काट लेती हैं।

आपने दुनिया में चोर बनाए, ठीक, डाकू बनाए, ठीक, भिखारी बनाए, ठीक। सड़कछाप आवारा बनाए, ठीक, चरित्रहीन लोग बनाए, ठीक पर इनमें से बहुतों को नेता बना दिया, गलत। अब इन बेचारों को दोहरी जिन्दगी जीनी पड़ती है। प्रवृत्ति कुछ और है, प्रकट में कुछ और ही बनकर रहना पड़ता है।

इस सब सही-गलत के दायरे से हटकर कुछ और पहलुओं से आपको अवगत कराना चाहूँगा। पुराने जमाने में जब कभी पृथ्वी पर राक्षसों का राज होता था तब आप धरती पर अवतरित होते थे। पर यहाँ इतने सालों से चांडाल तांडव कर रहे हैं पर आपका कोई अता-पता ही

नहीं। हर नए नेता को बड़ी आशा भरी नजरों से देखता हूँ पर वो भी चांडाल ही निकलता है। मनुष्य जाति से आपका सामना करीब दो या तीन हजार वर्ष पहले हुआ था। उसके बाद से तो हम आपके द्वारा भेजे गए तमाम स्वामियों से काम चला रहे हैं। उनमें से भी कुछ चांडाल ही निकले हैं। बड़ी कृपा होगी अगर एक बार अपनी बनाई सृष्टि का वर्तमान विकृत रूप स्वयं देख लेते। ये मैं अपने लिए नहीं कह रहा हूँ, आपके लिए ही अच्छा होगा। क्योंकि अगली बार जब आप सृष्टि बनाएँ तो इन त्रुटियों को दूर कर सकें। ये पृथ्वी अब उस मृत शरीर की तरह है जिसे चीर-फाड़कर मेडिकल कॉलेजों के छात्र/छात्राएँ पढ़ते और समझते हैं जिससे आगे चलकर मर्ज को ठीक किया जा सके। यही समझकर लिख रहा हूँ कि ये क्षत-विक्षत पृथ्वी का शव आपके भूल सुधार के काम आ सकेगा। मेरे तो किसी काम का नहीं है, क्योंकि न ही मुझे भविष्य में सृष्टि की रचना करनी है और न ही विद्वान बनने का शौक चर्राया है। सच मानिए तो अगर अगली सृष्टि बनाते वक्त आपने भूल सुधार नहीं किया तो ऐसी सृष्टि में मुझे आना भी नहीं है जिसका कोई माई-बाप ही न हो।

अब जब मैं यह पत्र लिख चुका हूँ, मेरे सामने एक बडी समस्या है कि इसे आप तक पहुँचाऊँ कैसे? अब समझ में आ रहा है कि आपको पृथ्वी की दशा के बारे में मालूम ही नहीं है। कोई आपको बताए तो बताए कैसे! लेकिन मैं भी हार माननेवालों में से नहीं हूँ, अब लिखा है तो पहुँचाऊँगा जरूर। इसी कयास में श्मशान के इर्द-गिर्द भटक रहा हूँ और हर आती हुई लाश से लिपटकर रोने का ढोंग कर रहा हूँ, पर मेरा दुर्भाग्य, लाशों को बहुत टटोलने पर भी अभी तक किसी के कपड़े में कोई जेब नहीं मिली। पहली जेब मिलते ही यह पत्र डाल दूँगा जो उस लाश के साथ आप तक पहुँच जाएगा। हालाँकि ये चांस मैं किसी जीवित आदमी के साथ न लेता क्योंकि वो अवश्य ही इस पत्र से मेरा नाम काट अपना लिखकर आपको पकड़ा देता। चाहे कुछ भी हो, लाशों के चरित्र में मुझे अब भी विश्वास है क्योंकि पृथ्वी पर जो चरित्रवान हैं वो जिन्दा लाशें ही तो हैं।

कुछ समय बाद लाशों के चरित्र पर मेरा विश्वास और बढ़ा जब परवरदिगार ने मुझे मेरे पत्र का जवाब दिया।

प्रिय रविन्द्र,

तुम्हारा पत्र मिला। थोड़ा-सा एक कोने से जल गया था। अगली बार, अगर पत्र लिखने की जरूरत पड़े तो कब्रिस्तान का प्रयोग करना। वैसे तो इसकी जरूरत नहीं पड़ेगी क्योंकि बतौर भूल सुधार मैं तुम्हें शीघ्र ही वापस बुला रहा हूँ। हालाँकि तुमने मेरी इस भूल का उल्लेख नहीं किया था पर मेरे हिसाब से तुम्हें पृथ्वी पर भेजना ही मेरी सबसे बड़ी भूल थी।

—परवरदिगार

चलिए, इन चांडालों की हरकत से कुछ तो फायदा हुआ कि मुर्दा जलाते वक्त लोगों ने लकड़ी बचा ली अन्यथा मेरा पत्र पूरा जल गया होता!

आकाश को नोच डालो

इन मैले-कुचैले मकानों में, इन टूटी-फूटी दुकानों में और रोते-सिसकते कारखानों में ही जीवन है तो अक्सर सोचता हूँ कि ऊपर खुले स्वच्छ आकाश में क्या है? चन्द्रमा का अलौकिक तेज, सितारों की रूहानी बस्ती, ग्रहों का अध्यात्म और इन सबकी उत्पत्ति का मूल आधार इनकी संस्कृति और सभ्यता का प्रतीक स्वच्छ, निर्मल, अन्तहीन आकाश।

जीवन-दर्शन, संस्कृति, सभ्यता और साहित्य में आकाश की महत्त्वपूर्ण भूमिका रही है। अगर आकाश न होता तो आधे शायर अवश्य ही बेरोजगार हो गए होते। सितारों, चन्द्रमा और आसमान को प्रतीक बनाकर शायरों ने न जाने किन-किन बुलन्दियों को छुआ है। कई शायर तो आकाश को एक सीढ़ी बनाकर उस पर चढ़ते चले गए और आकाश से भी ऊपर उठने के प्रयास में स्वयं ही ऊपर उठ गए। ये आकाश की प्रेरणा थी या शायर की लालसा, ये कहना मुश्किल है! बहरहाल न मैं आकाश हूँ और न ही शायर, भला मैं इस पचड़े में क्यों पड़ूँ! लेकिन कहे बिना रहा भी तो नहीं जाता है। शायरों ने अपना जीवन रोशन करने के लिए न जाने कितने सितारों से उनका यौवन छीना है। उन्हें मृत लोगों की संज्ञाएँ दीं, उनकी बेचैन नींद से बोझिल टिमटिमाती आँखों को झिलमिलाहट का नाम दिया और न जाने कितनी सैकड़ों-हजारों सौन्दर्य रस की कविताएँ लिख डालीं। जरा सोचिए, जो सितारा बेचारा अपनी प्रेयसी के वियोग में तड़पता हुआ एक घड़ी भर को आँख भी नहीं झपका पा रहा है, उसकी इस वेदना से प्रेरित हो कोई सौन्दर्य रस

की कविता लिखे, इससे बड़ा मजाक भला कोई किसी का क्या उड़ा सकता है!

ये तो हुई सितारों की बात! मान लीजिए, चन्द्रमा है ही नहीं, तब क्या होगा! इस विभीषिका के सबसे पहले शिकार भी कविगण ही होंगे। खासतौर पर सौन्दर्य रस के कवि, जिन्हें हर सुन्दर चीज में चाँद देखने की आदत सी हो गई है। सुन्दर स्त्री हो तब, छोटा बच्चा हो तब, कोमल भावनाओं की अभिव्यक्ति के लिए तो चाँद का प्रयोग बन्धुओं ने इतना कर दिया है कि अब तो चाँद भी घिस-घिसकर छोटा होने लगा है। कई तो चाँद के लिंग के साथ खिलवाड़ करने से भी बाज नहीं आए। अगर चाँद को स्त्रीरूपी भावनाओं का प्रतीक माना जा रहा है तो फिर 'चन्दा मामा' ही क्यों 'चन्दा मामी' क्यों नहीं? खैर, कुछ समय के लिए अगर ये मान भी लिया जाए कि चाँद स्त्रीरूपी भावनाओं से बना एक पुरुष है–वैसे ऐसे पुरुष को हमारे समाज में क्या कहते हैं वो तो आप सब जानते ही हैं। मगर फिर भी अगर चाँद एक ऐसा पुरुष है तो 'मामा' ही क्यों 'चाचा' क्यों नहीं? कहीं किसी माँ को चाँद के चरित्र पर सन्देह तो नहीं जो उसे अपने पति का भाई बनाना भी मुनासिब न समझा और सीधा अपना ही भाई बना डाला। पर मेरे विचार से स्त्रीरूपी भावनाओं से बने पुरुष के चरित्र पर इस प्रकार सन्देह करना तर्क-संगत प्रतीत नहीं होता है, क्योंकि उस तरह के पुरुष से इस तरह की हरकत की अपेक्षा नहीं की जा सकती।

चाँद को मामा कहने के पीछे एक और वजह हो सकती है। हो सकता है किसी माँ ने चाँद का अपने बेटे से परिचय करवाते वक्त अपने चरित्र का स्पष्टीकरण देते हुए उसे मामा कह डाला हो, जिससे बेटे को अपनी माँ के चरित्र पर सन्देह न हो। क्योंकि ये ज्ञात रहे कि चाँद ने माँ को हर स्थिति में देखा है। माँ के बाथरूम से बेडरूम तक चन्द्रमा विराजमान रहा है। चाँद माँ के शरीर, उसके सौन्दर्य, उसके यौवन, उसकी बदहवासी, उसके चरित्र, सबसे एक अन्तरंग साथी की तरह वाकिफ है। इसलिए दूसरों की जिन्दगी में ज्यादा दिलचस्पी लेनेवाला हमारा समाज, जो स्त्रियों पर हमेशा अपनी पैनी नजर गड़ाए रखता है, एक माँ पर भी, शायद लांछन लगाने से न कतराए। तो जाहिर है, इस डर से भी माँ ने चाँद

को उसके चरित्र के विपरीत 'मामा' कह डाला हो और अगर ये बात सही है तो ये स्पष्ट है कि समय और स्थान के हिसाब से इनसानों ने अपने बचाव के लिए और अपने जीवन को रोशन करने के लिए अपनी मानसिक कुंठाओं से प्रेरित हो चाँद को तरह-तरह की संज्ञाएँ दीं, उपमाएँ दीं और यहाँ तक कि उस बेचारे चाँद के व्यक्तित्व, लिंग, चरित्र और आचरण पर चिरकाल से प्रहार करते रहे हैं। चाँद बेचारा इन सब आरोपों को चुपचाप सहन करता रहा है। निर्मल, स्वच्छ, चाँद का दाग कहीं हम इनसानों की कुंठित, द्वेष से ग्रसित मानसिकता का परिणाम तो नहीं है!

सितारों का तो सिर्फ एक बेहूदा मजाक ही उड़ाया था पर चाँद पर तो दाग भी लगा दिया। और अगर चाँद का दाग हम इनसानों की कुंठित मानसिकता का परिणाम है तो शायद यह कहना अतिशयोक्ति नहीं होगी कि मकानों, दुकानों और कारखानों से उठता हुआ कुंठा का स्याह धुआँ शायरों की बदौलत अब उस अन्तहीन आकाश तक जा पहुँचा है। और शायद हर धुएँ की तरह कुंठा का धुआँ भी जमीन से ऊपर तो उठता है, सतही सवालों के दायरे के बाहर तो निकलता है पर रास्ते में आनेवाली हर चीज को अपनी ही कुंठा के रंग में रँग देता है।

इस तरह, दूसरों को कुंठित कर, रोजमर्रा के जीवन से ऊपर उठना क्या वाकई ऊपर उठना है या उससे बेहतर होगा कि स्वयं ही उठ जाएँ। अब इसका फैसला मैं उन शायरों पर छोड़ता हूँ। बहरहाल ये बात नहीं है कि मुझे इन चाँद-सितारों की धज्जियाँ उड़ानेवाले शायरों से सिर्फ शिकायत ही है, मैं उनके प्रति आभार भी व्यक्त करना चाहता हूँ क्योंकि अगर वो न होते तो ये लेख न होता और अगर ये लेख न होता तो छपता कैसे?

जन्नत की हकीकत

धरती पर व्याप्त लूट–मार, चोरी, डकैती, हत्या आदि की आए दिन आती खबरों से दानव साम्राज्य में हलचल मच गई। ये स्वाभाविक भी था क्योंकि अन्ततोगत्वा ये राक्षसों के अस्तित्व का प्रश्न था। जब इनसान खुद ही दानव बन रहे हैं तो फिर राक्षसों को कौन पूछेगा, दानव घबरा गए। वो छुट्टी का दिन था, छोटे–बड़े, लँगड़े–लूले सभी दानव जो अपने सींगों और दाँतों को घिस–घिसकर नुकीला कर रहे थे, वे सब छोड़–छाड़कर, भागे–भागे अपने गुरु शुक्राचार्य के पास पहुँचे और सारा वृत्तान्त सुनाया। शुक्राचार्य भी सोच में पड़ गए। त्रेता और द्वापर युगों में दानवों पर संकट आया पर कलियुग में भी ऐसा होगा, कभी सोचा न था। उन्होंने कहा हो न हो ये देवताओं की ही कोई चाल है। जिस तरह हमारे तप से घबराकर भगवान हमें वरदान दिया करते थे शायद उसी तरह पृथ्वी पर भी लोग तपस्या कर देवताओं से ये दानवी आचरण का वर माँग रहे हैं और देवता उन्हें दे रहे हैं। शुक्राचार्य ने भगवान विष्णु से बात की। पर भगवान ने इसे सिरे से खारिज कर दिया और कहा कि ऐसा कुछ भी नहीं हुआ है। जब ये बात बाकी देवताओं को पता चली तो वे मन ही मन बहुत खुश हुए। इनसानों ने उनके दुश्मन का अस्तित्व ही हर लिया है, इससे बड़ी किसी की पराजय क्या हो सकती थी! देवताओं को इनसान का ये दानवी स्वरूप देख उन पर अत्यन्त गर्व हुआ।

देवता फूले न समाए। मानो उन्हें इसी दिन का इन्तजार था। यह देख मुझे भी कुछ–कुछ समझ में आने लगा कि पृथ्वीलोक में दानवी कर्म

करनेवालों को भगवान सजा क्यों नहीं दे रहे हैं! पर भगवान तो भगवान है दानवी-कर्म करनेवालों को तो उसे सजा देनी ही चाहिए। सुना था कि कलियुग में इनसान का चरित्र बदलेगा पर यहाँ तो भगवान कुछ बदले हुए नजर आते हैं। खैर, इधर शुक्राचार्य भी हार माननेवाले नहीं थे, वे शंकर भगवान के पास पहुँचे और उन्हें बताया। शंकर भगवान ने मन ही मन सोचा कि भगवान का अस्तित्व आज इन्हीं इनसानों के कारण बरकरार है और अगर इनसान भी दानवी आचरण करने लगे तो जल्द ही देवताओं का नामो-निशान मिट जाएगा। उसे जिस ऐश्वर्य और मर्यादा के साथ पृथ्वीलोक में पूजा जाता है वो सब खत्म हो जाएगा। शुक्राचार्य ने शंकर भगवान से आग्रह किया कि वे पृथ्वी पर अप्सराएँ भेजें और जो कोई भी दानवी आचरण के लिए तप करता पाया जाए उसकी तपस्या को भंग करें। शंकर भगवान ने कहा कि आप ही क्यों नहीं भेज देते! शुक्राचार्य ने कहा कि हमारे पास वैसी अप्सराएँ नहीं हैं अन्यथा मैं ही भेज देता। अगर हमने अपनी अप्सराएँ भेज दीं तो तपस्या के भंग होने की बजाय और कठोर होने का डर है। शंकर भगवान को शुक्राचार्य की मजबूरी समझते देर न लगी। उन्होंने दूसरे देवताओं से अप्सराएँ भेजने का आग्रह किया पर कोई भी देवता अपनी अप्सरा भेजने को तैयार नहीं हुआ। बोले– इन्हें हम भेज देंगे तो हमारा क्या होगा! न जाने कहाँ-कहाँ से बेचारों ने ये अप्सराएँ जुगाड़ी रही होंगी, अब इन्हें ऐसे कैसे यूँ ही जाने देते! समस्या वाकई गम्भीर थी। देवता चिरकाल से इस विलासिता के आदी थे। यहाँ तक कि कई देवताओं की बीवियों ने भी इसका पुरजोर विरोध किया। सम्भवत: आजकल देवलोक में अप्सराओं से बर्तन-चूल्हे का काम भी कराया जाता होगा। देवता वाकई धन्य हैं। एक हमारी बाई है और एक उनकी। बहरहाल, जब अप्सराओं को पता चला कि कुछ अप्सराएँ पृथ्वीलोक भेजी जानी हैं तो उनमें भी होड़ लग गई। अप्सराएँ वहाँ से निकलने को इतनी आतुर क्यों थीं, ये शोध का विषय है। किसी तरह अथक चयन प्रक्रिया से गुजरने के बाद रम्भा और मेनका का चयन हुआ। और नारद के कहे अनुसार उन्हें आज की वेशभूषा यानी मिनी स्कर्ट पहनाकर पृथ्वीलोक भेज दिया गया।

चार या पाँच दिनों में ही दोनों अप्सराएँ, फटे कपड़ों में अधमरी-सी वापस आ गईं ये देख देवलोक में हाहाकार मच गया। स्वयं भगवान इन्द्र अन्य देवताओं के साथ इन अप्सराओं के समक्ष प्रस्तुत हुए। रम्भा ने कहा–भगवन्, पृथ्वीलोक में तो लोग स्वयं ही अपनी तपस्या तोड़ने को आतुर बैठे हैं, हमारी चौंसठ कलाएँ धरी की धरी रह गईं। जब हमने लोगों से उन तपस्वियों के बारे में पूछा तो वे हमें सुनसान जगह पर ले गए और बोले–हम ही तपस्वी हैं और तुम हमारी तपस्या का फल, फिर वे हम पर टूट पड़े। हम उन्हें समझाते रहे कि हम देवलोक की अप्सराएँ हैं तो बोले कि हम तुम्हें भगवान का प्रसाद समझ ग्रहण करते हैं। उनमें से एक बोला–देवी, मैं तो तुम जैसी अप्सरा के लिए हर रोज भगवान से प्रार्थना करता था। आज भगवान ने खुश होकर तुम्हें हमारे पास भेजा है। फिर रम्भा ने शक भरी निगाहों से भगवान को देखा और पूछा? कहीं ऐसा तो नहीं कि आपने वाकई उसकी भक्ति से प्रसन्न हो हमें धोखे से उस इनसान के पास भेजा था। अपने को शक के दायरे में आता देख भगवान भड़क गए और बोले कि क्या तुम्हें हम लड़की दिलानेवाले दलाल लगते हैं जो कोई हमसे लड़की माँगेगा और हम व्यवस्था करा देंगे। मेनका जो अब तक चुप थी बोली–भगवन्, बुरा मत मानिएगा पर अब तक आपने हमसे जिस तरह का काम करवाया है वो काम किसी दलाल से कम न था। किसी देवता को किसी मुनि की तपस्या से परेशानी हुई और आपने उनके काम के लिए अप्सरा भेज दी, इसे दलाली नहीं तो और क्या कहेंगे! वो पृथ्वीलोक वाला इनसान भी कह रहा था माना कि हम भगवान नहीं हैं पर इतना नादान भी न समझो, हमें भी मालूम है कि जन्नत की हकीकत क्या है और वहाँ अप्सराएँ क्या करती हैं! रम्भा ने कहा कि हमने आपको हमारी इज्जत बचाने के लिए पुकारा भी, पर आप नहीं आए। काश, हमने कृष्ण भगवान को पुकारा होता! भगवान ने सफाई देते हुए कहा–देवी, साड़ी होती तो बात अलग थी, अब मिनी स्कर्ट में तो गुंजाइश ही नहीं थी न। उसमें कोई किसी की कितनी इज्जत बचा लेता।

रम्भा ने कहा–भगवान, पृथ्वीलोक में जाकर हमारी आँखें खुल गईं। हमारे जैसे काम करनेवाली लड़कियों को वहाँ 'काल गर्ल' कहा जाता है

और उनकी व्यवस्था करवानेवाले को 'दलाल'। इन लड़कियों का प्रयोग वहाँ धड़ल्ले से होता है–टेंडर पास करवाना हो तब, किसी सदाचारी को बरगलाना या फँसाना हो तब या किसी से कुछ नाजायज काम करवाना हो तब, या यूँ ही कभी मन बहलाना हो तब भी। वहाँ हमें हिकारत की नजर से देखा जाता है। अगर हम अप्सरावाली बात पृथ्वीलोक में नहीं कहते तो शायद हमारे साथ ये सब नहीं होता। हमारी इस बदनामी के जिम्मेदार देवता ही हैं। भगवान का चेहरा गुस्से से तमतमाने लगा। वे बोले–अब बस नहीं तो मैं तुम्हें शाप दे दूँगा। मेनका ने कहा–अब हम आपके इस कमंडल और उसके पानी से डरनेवाले नहीं हैं, बहुत पानी छिड़क लिया आपने। पृथ्वीलोक में हमें नारी मुक्ति मोर्चा वाली बहनों ने बताया है कि यहाँ हमारा कितना शोषण होता है। भला हो उन औरतों का जो हमसे नारी निकेतन में मिलने आईं। और हमारी मदद की, हमसे पूछ पूरे घटनाक्रम का वृत्तान्त लिखा। पुकारने पर भी आपने हमारी मदद तो की नहीं इसलिए हमने उस घटना में आपके बारे में भी लिखवा दिया है। भगवान भड़ककर बोले–तुम्हें क्या लगता है कि नारी मुक्ति मोर्चा वाले मेरा कुछ बिगाड़ लेंगे। हर घंटे वहाँ बलात्कार होते हैं उनका तो वे कुछ कर नहीं पाए, हमारा क्या खाक बिगाड़ेंगे!

समय की नजाकत को समझते हुए नारद जी ने भगवान को समझाया कि भगवन् इतना अभिमान ठीक नहीं है, वैसे देवताओं ने भी कुछ कम नहीं किया। आपने अपनी शक्ति का उपयोग कर मुनि का वेश धरा फिर उनकी बीवी के साथ सहवास कर अय्याशी की। आपने सैकड़ों बार लोगों के विश्वास को ठगा है। कभी वामन बनकर तो कभी कामायनी बनकर। सत्ता के लिए न जाने आपने कितनी बार छल किया है। ताज्जुब की बात नहीं है कि ये कला अब पृथ्वीलोक वाले भी सीख रहे हैं। वहाँ भी सरकारें जनता का विश्वास जीतकर सत्ता में आती हैं और फिर उन्हीं की अनदेखी करती हैं। ये सब तो आपके ही कर्मों के परिणाम हैं भगवन्!

भगवान बिदककर बोले–हमने जो किया वो राक्षसों के साथ किया। नारद ने तर्क किया–अब किसे राक्षस कहें और किसे देवता! भगवान

शंकर ने भगवान विष्णु को कामायनी का रूप धरने को कहा और स्वयं उस पर मोहित हो उसे पाने के लिए उसके पीछे-पीछे भागे थे। जबकि उस समय उनकी पत्नी और तमाम भक्त वहाँ खड़े थे। वहाँ तो कोई राक्षस नहीं था। क्या ये निर्लज्जता दानवी आचरण नहीं था? स्वयं भगवान ब्रह्मा यानी मेरे पिता ने अपनी बेटी के साथ प्रणय की इच्छा जाहिर की? क्या वो दानवी व्यवहार नहीं था? गुरु बृहस्पति जी ने अपने भाई की गर्भवती पत्नी के साथ सहवास किया, क्या ये दानवी आचरण नहीं था। झल्लाई हुई मेनका ने कहा–ये तो कुछ भी नहीं है भगवन्, आप लोगों के कारनामों की फेहरिस्त बहुत लम्बी है। भगवन बोले–अरे, इस तरह क्यों भड़क रहे हैं आप लोग। सबके सामने ये सच बोलने की क्या जरूरत है, इससे हम दोनों की प्रतिष्ठा को नुकसान होगा, आपस में बैठकर कुछ समझौता कर लेते हैं। बोलो, तुम्हें क्या चाहिए? कहो तो पृथ्वीलोक में अप्सरा नाम की संडास साफ करनेवाले फिनाइल से लेकर शराब के ठेके सब बन्द करवा दूँ। मेनका ने कहा–क्या-क्या बन्द करवाएँगे, भगवन्, अगर बदलना है तो इनसानों के मस्तिष्क पटल पर अंकित हमारे लिए उस हेय भावना को बदलें। और ये आप कर नहीं पाएँगे क्योंकि उसके लिए आपको अपना आचरण बदलना होगा।

भगवान असमंजस में पड़ गए, बोले–मैं स्वयं को तो बदल सकता हूँ पर तुम भी समझ सकती हो कि तैंतीस करोड़ देवी-देवताओं को बदलना आसान नहीं है। मेनका ने कहा–ये तो आपको इतनी लम्बी-चौड़ी देवताओं की फौज खड़ी करने से पहले सोचना था। नारद बोले–देवी, इसमें इनका कसूर नहीं है, नाक, कान, नाभि, भुजाएँ न जाने कहाँ-कहाँ से देवताओं ने बच्चे जने हैं। यहाँ तक कि अग्नि और नदियों तक ने बच्चे दिए हैं। अब ये बेचारे किस-किस अंग और चीज की नसबन्दी करवाते फिरते! इन बच्चों की बाढ़ को रोक पाना मुश्किल था। किसी-किसी देवी ने तो हजारों बच्चे पैदा किए हैं जैसे वो स्त्री न होके कोई धान का खेत हो। नारद के इस बचाव से भगवान थोड़ा आश्वस्त हुए।

मेनका ने कहा–जब आप 33 करोड़ देवी-देवताओं को नहीं बदल सकते हैं तो सात अरब इनसान कैसे बदलेंगे? इनसान अब हमारी कभी

इज्जत नहीं करेगा। अब न जाने कब कोई किसी राजनीतिक दल का नाम अप्सरा रख दे। ये कहकर वो रोने लगी।

तब नारद बोले–भगवन्, आप और दानवों की लड़ाई आखिर में है तो सौतेले भाइयों की लड़ाई। ये पृथ्वी पर हर रोज होता है। न प्रजापति अपनी पहली बीवी 'दिति' के रहते दूसरी शादी 'अदिति' से करते न ही आप देवताओं का जन्म होता और न ही आपमें और दिति के बेटो के बीच ठनाठनी होती और न ही इस तरह के षड्यंत्रों की शृंखला शुरू होती। रम्भा जो खार खाए बैठी थी, बोली–नहीं नारद जी, ये पैदा तो जरूर होते क्योंकि इतिहास गवाह है देवलोक में, शादी और बच्चे पैदा होने के बीच कोई सम्बन्ध नहीं है, हाँ, शादी नहीं करते तो शायद ये वर्चस्व की लड़ाई न छिड़ती।

मेनका ने तुनककर कहा–पृथ्वीलोक में एक पत्नी के होते हुए दूसरी रखना निषेध है और यहाँ अनेक पत्नी रखना स्वाभाविक है। पत्नी के होते हुए किसी अन्य स्त्री से सम्बन्ध बनाना वहाँ दुराचार माना जाता है पर यहाँ बाकायदा उन्हें अप्सराओं का नाम दे अपने पास रखा जाता है। यहाँ तो ये हिसाब है कि जो स्त्री भा गई, उसे धर लिया। इनसानों के जिस दानवी आचरण की बात आप कर रहे थे, उनके नैतिक आचरण देवलोक से कहीं ऊँचे है! जो-जो कर्म ब्रह्मा जी, शंकर जी और बृहस्पति जी ने किए हैं अगर वो पृथ्वीलोक में हुआ होता तो उनकी पूजा नहीं बल्कि वे पूज दिए जाते। पृथ्वीलोक में ऐसा कुछ भी नहीं हो रहा है जो यहाँ न हुआ हो।

भगवान पर होते इस प्रहार को देख ब्रह्मा जी प्रकट हुए। उन्होंने कहा–नैतिक मूल्य और नैतिक आचरण दो अलग-अलग चीजें हैं। हर शरीर नश्वर होता है क्योंकि वह कमजोरियों से ग्रसित है और इसीलिए नैतिक मूल्यों के होते हुए भी नैतिक आचरण करने में असमर्थ है।

नारद ने कहा–भगवन्, फिर आपने इतना कमजोर शरीर क्यों बनाया जो नैतिक मूल्यों का वजन न उठा सके? वरना शरीर के हिसाब से नैतिक मूल्यों को भी हल्का बनाते। भगवान बिफरकर बोले–ये सब उतना सहज नहीं है, सृष्टि की रचना करना कोई आसान काम नहीं था। ऊपर से विष्णु जी पीछे पड़े थे कि जल्दी बनाओ, कई बार के अथक प्रयास के बाद ये

बन पाया है। जाहिर है, इसमें सुधार की और बहुत गुंजाइश है। और मैंने नया इनसान भी बना लिया है। अब शीघ्र ही प्रलय कर उस नए इनसान की सृष्टि बनाऊँगा।

नारद जी बोले–भगवन्, जब तक नई सृष्टि नहीं आती है तब तक ये इनसान क्या करें? हाथ पर हाथ धरकर प्रलय का इन्तजार! गलती हुई आपसे और भुगते इनसान। हे भगवान, ये कैसा इंसाफ है! भगवान बोले–ऐसी बात नहीं है, इनसान इसमें भी अपनी मुक्ति का मार्ग निकाल सकता है। उसको समझना चाहिए कि आचरण शरीर, अनुभव और परिस्थितियों के समागम से उत्पन्न होता है। नैतिक मूल्य सिर्फ एक है कि जो किया उसे सच-सच बताओ। और सही-गलत का फैसला जग पर छोड़ दो। यही नैतिक बल या साहस ही नैतिक मूल्य है। और यही अन्तर है हममें और उस इनसान में। हमने जो किया उसे बताया पर इनसान जो करता है उसे छुपाता है। जिस दिन इनसानों में वो नैतिक बल आ गया उस दिन वो भी देवता ही कहलाएँगे।

माफ करना, ब्रह्मा जी, पर शायद आप ये नहीं जानते कि पृथ्वी पर नैतिक साहस दिखानेवालों का क्या हश्र होता है। देवता बनने का इतना महँगा शौक पालने की मेरी हैसियत नहीं है। वैसे भी यहाँ लोगों का मानना है कि जो ठीक से इनसान नहीं बन पाते, उन्हें झक मारके भगवान बनना पड़ता है।

सही के राक्षसों या फिर सही के देवताओं को तो मैंने नहीं देखा और न ही मैं ये जानता हूँ कि राक्षस और देवता कभी रहे हैं या नहीं, पर मेरा ये विश्वास है कि अगर राक्षस हैं तो देवता भी होंगे। इसलिए जिस दिन वाकई इनसान राक्षस बनने लगेंगे उस दिन पृथ्वी पर उन्हें मार गिराने को देवता भी होंगे।

उधर पृथ्वीलोक में नारी मुक्ति मोर्चा को अच्छा मुद्दा मिल गया था। उनके हाथ में था रम्भा और मेनका का बयान। उस बयान को पुलिस थाने में जमा करने के बावजूद इस बलात्कार की कोई प्राथमिकी दर्ज नहीं की गई थी। नारी मुक्ति मोर्चा ने थाने के बाहर ही धरना देना उचित समझा क्योंकि अन्दर जाने से फिर कोई और नया कांड होने की आशंका थी। पर

जैसे-जैसे दिन चढ़ने लगा, उनका रम्भा और मेनका के प्रति उमड़ा प्रेम तेज धूप में वाष्पित होने लगा और उसकी जगह भूख और प्यास ने ले ली और मोर्चा उखड़ गया। कुछ अखबारवाले सूँघते हुए वहाँ पहुँचे और उनसे पूरा हाल जाना। महिलाओं ने उन्हें रम्भा और मेनका का लिखित बयान दे दिया। और जल्दी से अपने-अपने घरों की ओर लपकीं। उस बयान में बहुत सी इधर-उधर की बातें लिखी थीं और जैसे कि अक्सर लड़कियों के साथ होता है पर मुख्य रूप से कुछ ही बातें गौर करने लायक थीं। पहली कि भगवान शंकर ने हमें मिनी स्कर्ट पहनाकर यहाँ तपस्वियों की तपस्या भंग करने भेजा था। दूसरी, फिर जब हमने भगवान शंकर को मदद के लिए पुकारा तो वे नहीं आए और पाँच तपस्वियों ने हमारे साथ प्रणय किया। इसके लिए हम भगवान को कभी माफ नहीं करेंगे चाहे हमें अपने प्राणों की आहुति ही क्यों न देनी पड़े, तीसरी, हम भगवान शंकर के अधीन रहते हैं और उनकी आज्ञा के बिना कहीं भी नहीं जा सकते हैं।

पत्रकारों ने उन नारी मुक्ति वालों से कहा कि आपके हाथ पारस पत्थर लग गया है। कल तक तो आप हर अखबार की सुर्खियों में होंगी। उन्होंने कहा–वो कैसे? पत्रकार ने समझाया कि आप थाने के सामने धरना न देकर भगवान शंकर के मन्दिर के सामने धरना दीजिए। वे बोलीं–ये क्या बकवास है? पत्रकार ने कहा कि आप मन्दिर के सामने धरना देंगी तो ये खबर बनेगी। खबर बनेगी तो बात बढ़ेगी और बात बढ़ेगी तो पुलिसवालों को झक मार के उन पाँच लोगों पर केस दर्ज करना पड़ेगा। बात उन्हें समझ में आ गई कि मंत्री को उँगली दिखाओ तो चपरासी पे गाज गिरती है, ये उन्हें मालूम था।

अगली सुबह बच्चों को स्कूल के लिए तैयार कर महिलाएँ मन्दिर के सामने धरने पर बैठ गईं। उस पत्रकार के सौजन्य से एक टी.वी. कैमरावाला भी आया था। महिलाओं ने पत्रकार से कहा कि हम लोग बस बारह बजे तक बैठेंगी, उसके बाद बच्चों के स्कूल से आने का वक्त हो जाता है इसलिए जो करना है उससे पहले ही कर लेना। लाख कोशिशों के बावजूद रम्भा और मेनका की वेदना महिलाओं के सन्तान-मोह से ज्यादा गहन नहीं हो पा रही थी। भाषण शुरू हुआ और महिलाओं ने भगवान

शंकर की उतारनी शुरू की। देवलोक में अप्सराओं पर हुए अत्याचार से शुरू किया तो नमक-मिर्च लगाते-लगाते पूरा मुरब्बा ही बना डाला। ऐसा प्रतीत होने लगा कि भगवान शंकर से घृणित भगवान कोई है ही नहीं। देखकर आश्चर्य हुआ कि अचानक रम्भा और मेनका का दुख इतना हावी कैसे हो गया कि लोग भगवान तक को ऊल-जलूल बकने लगे। फिर पता चला कि वो टी.वी. कैमरे की महिमा थी। वो उसी को दिखाता जो ज्यादा वाहियात बातें कर रही थी।

ये मन्दिर एक छोटा-सा मन्दिर था जो कई दशकों से यूँ ही सड़क किनारे धूल फाँकता खड़ा था। उसके दरवाजे पर टँगी एक जर्जर-सी घंटी ट्रक या बस के गुजरने से उठी गुबार के साथ झूल-झूलकर आते-जाते लोगों को रिझाने की कोशिश कर रही थी और लोग उससे ऐसे बच के निकल रहे थे जैसे किसी रिझाती हुई गणिका से। जब ये सिलसिला चल रहा था तब वहाँ सड़क पर एक नौजवान आया जो अमेरिका से एम.बी.ए. कर वहाँ की मन्दी का शिकार हो वापस हिन्दुस्तान अपने माँ-बाप की रोटियाँ तोड़ने पहुँचा था। न जाने उसे क्या हुआ वो बिजली की तरह लपका और सीधे मन्दिर के ट्रस्टी के कमरे में जा पहुँचा। ट्रस्टी से कहा कि अगर आप मुझे अपने ट्रस्ट में बीस फीसदी का हिस्सेदार बनाएँगे तो मैं इस मन्दिर को पूरे हिन्दुस्तान से प्रसिद्ध कर दूँगा कि ये एक जाग्रत् मन्दिर है। आपका एक धेला-आना भी नहीं लगेगा। ट्रस्टी को उस नौजवान में साक्षात् शिव नजर आने लगे और उन्होंने हामी भर दी। उसने कहा—आप कागज तैयार करवाइए, मैं अपने काम में भिड़ता हूँ।

वो नौजवान मूर्ति के पास पहुँचा, वहाँ एक अधेड़ उम्र का आदमी रामनामी की आड़ में अपनी शारीरिक दरिद्रता तो छुपा पा रहा था पर साथ ही वही रामनामी उसके अवचेतन मन की दरिद्रता उजागर कर रही थी। वह पुजारी था। उसने नौजवान को देखा और सलीके से माचिस की काड़ी उठाई और अपने मसूड़ों को इस कदर खोदने लगा मानो वहाँ सोने की खान छुपा रखी है। उस आयातित हिन्दुस्तानी के लिए वो पुजारी सिर्फ विश्व के उन एक-तिहाई गरीबों में से एक था जो हिन्दुस्तान में रहते हैं। शायद वो पुजारी उस विलायती के आव-भाव से ये ताड़ गया था।

इसलिए सम्भवत: वो दाँतों को कोड़कर अपनी रईसी झाड़ रहा था कि देखो मुझे भी खाना मिलता है और पर्याप्त मिलता है कि खाने के बाद दाँतों में फँसाने को भी बच जाता है। विलायती बाबू पुजारी की बगल से निकल मूर्ति के पीछे चले गए। मौका पाकर पुजारी ने दाँतों के बीच से निकले चावल के दाने को फिर से चबा सन्तुष्टि पाई। उसे खुशी थी कि उसके दिखाने के दाँत खाने के काम भी आ गए।

इधर महिलाएँ जाने के लिए तैयार बैठीं बारह बजने का इन्तजार कर रही थीं। उनकी निगाहें घड़ी पर और मन घर में जा रमा था। तभी भीतर से पुजारी चिल्लाता हुआ बाहर दौड़ा। भगवान की आँखों से आँसू निकल रहे हैं। टी.वी. कैमरावाले और बाकी औरतें सब अन्दर दौड़ीं। और सबने ये चमत्कार देखा। बस फिर क्या था। ब्रेकिंग न्यूज का सिलसिला चालू हो गया। जैसे मोहल्ले का एक भौंकता है तो बाकी सभी चालू हो जाते हैं। एक से दस, दस से पचास, पचास से सौ चैनल उमड़ पड़े। देखते ही देखते हजारों लोग एकत्रित हो गए। भीड़ बढ़ती ही जा रही थी। कुछ लोग इस चमत्कार को देखना चाहते थे तो कुछ खुद को टी.वी. पर। शाम होते-होते मुफ्त की रेवड़ियाँ बटती देख अन्य महिला मोर्चों की महिलाएँ भी आनन-फानन में अपने बैनर उठाए आ धमकीं। परन्तु इस चमत्कार के बाद अब वहाँ पर शंकर के भजन चालू हो गए थे। वही महिलाएँ जो पानी पी-पीकर शंकर भगवान को ऊल-जलूल बक रही थीं अब ताली पीट-पीटकर भजन गाकर टी.वी. कैमरा को रिझाने का प्रयत्न कर रही थीं। इसे शंकर भगवान का चमत्कार समझिए या फिर टी.वी. कैमरे की महिमा, आखिरकार रम्भा और मेनका की वेदना ने उन औरतों के सन्तान-मोह को पछाड़ दिया था। बारह बजे की जानेवाली अब तक वहाँ डटी हुई थीं। स्वाभाविक था कि सभी टी.वी. चैनलों में इसी नारी मुक्ति मोर्चा वाली महिलाओं का कब्जा था। दूसरे मोर्चे वाले को कोई घास नहीं डाल रहा था। रात होते-होते करीबन एक लाख लोग एकत्रित हो गए। अन्धाधुन्ध चढ़ावा चढ़ रहा था। आसपास की दस-बारह सड़कों पर यातायात ठप पड़ गया। प्रशासनिक अमला हरकत में आ चुका था। कुल मिलाकर अच्छा-खासा समा बँध गया था। और विलायती बाबू अपने बीस प्रतिशत हिस्सेदारी के हकदार बन चुके थे।

रात गहराने को हुई, पत्रकारों ने उन नारी मोर्चा वालों से पूछा कि अब आगे क्या? कुछ दिन भर की थकान का असर था या सन्तान-मोह या भगवान शिव को रुला लेने का सुख, उन महिलाओं ने तय किया कि रम्भा और मेनका पर हुए जुल्म के लिए अब शंकर भगवान को माफ कर देना चाहिए क्योंकि वे आँसू प्रायश्चित्त के थे। वहीं दूसरी ओर शाम से लगातार कैमरों के सामने मँडराने के बावजूद, अभी तक उपेक्षित रही महिला मंडलों को जैसे मुँहमाँगी मुराद मिल गई हो और वे चिल्ला उठीं कि शंकर भगवान को माफ करनेवाले हम कौन होते हैं, ये हक सिर्फ रम्भा और मेनका का है। बस फिर क्या था अपने चरित्र का पालन करते हुए टी.वी. कैमरे इस दूसरी मंडली के पास पहुँच गए। इस बात को तवज्जो मिलता देख बाकी महिला मंडलों ने अपना-अपना मोर्चा सँभाल लिया। पहले नारी मुक्ति मोर्चा को सहसा अपनी गलती का अहसास हुआ। पर अब तक चिड़िया खेत चुग चुकी थी। वे मौके का इन्तजार करने लगीं। सभी वहीं डटी रहीं। दूसरी महिला मंडल से अब पूछा गया कि अब वे क्या चाहती हैं तो उन्होंने उन पाँच बलात्कारियों की माँग की। प्रशासन इस मजमे को शीघ्र ही समाप्त करना चाहता था इसलिए मान गया और त्वरित कार्यवाही का आश्वासन भी दिया। मौका पाकर पहले वाले नारी मंडल ने फिर सिर उठाया और कहा कि बात अगर रम्भा और मेनका जैसी अबलाओं के इन्साफ की हैं और उनके फैसले की है तो उन्होंने भगवान शंकर को ही दोषी ठहराया है और उन्हें कभी न माफ करने की बात कही है इसलिए प्राथमिकी भगवान शंकर के खिलाफ दर्ज होनी चाहिए। और हमने भी इसीलिए भगवान शंकर के मन्दिर के सामने ही धरना दिया था। इस खेल में वापस आने की इससे बेहतर कोई सूरत नहीं थी। भीड़ उस पानी की तरह है जो बड़े वाले छेद की तरफ भागती है और हुआ भी यही। अचानक 'इन्साफ' और 'अबला' शब्दों का जादू चला और सब साथ हो लिये। चौंकिए मत, कुछ शब्दों में मोहिनी मंत्र होता है जिससे मनुष्य मोहित हो बाकी सब कुछ भूल जाता है। उन शब्दों में से एक 'भगवान' भी है। अब भगवान के खिलाफ प्राथमिकी कैसे दर्ज की जाए? कुछ सुलझे हुए लोगों ने रास्ता सुझाया कि क्या भगवान प्रशासन के

दायरे में आते हैं? अगर आते हैं तो दर्ज होगी अन्यथा नहीं। मामला रात भर के लिए उलझ गया।

इस छोटे-से मन्दिर के छोटे शंकर भगवान के प्रति उमड़ी, बड़ी श्रद्धा दूसरे भव्य शिव मन्दिरों के गले नहीं उतरी। दोनों मन्दिरों में भगवान तो एक ही थे पर ट्रस्टी नहीं, और चढ़ावा ट्रस्टी खाते हैं भगवान नहीं, इसलिए ईर्ष्या स्वाभाविक थी। बड़े और भव्य मन्दिर वालों को ऐसे लगा जैसे किसी ने उनके मन्दिर में सरेआम सेंध मार ली हो। वे इस छोटे भगवान के बड़े रहस्य को जानने को आतुर थे। वे चाहते थे कि किसी तरह उस मूर्ति को कब्जे में लेकर उसका रहस्य जाना जाए या उसे वहाँ से उनके ही बड़े और भव्य मन्दिर में स्थापित कर दिया जाए, पर उसके लिए जरूरी था कि पहले वो मूर्ति वहाँ से हटे। बस अब रास्ता साफ था। भव्य मन्दिर वाले हरकत में आए और थानेदार के यहाँ जा धमके। रात अभी बाकी थी और इतिहास गवाह है कि रात के आगोश में तो अच्छे-अच्छों का ईमान डगमगाया है तो फिर वो थानेदार क्या चीज था! फिर थानेदार तो चीज ही ऐसी होती है कि अच्छी-खासी स्थिर नाव में बैठ जाए तो वो अपने आप ही डगमगाने लगे।

रात का नुस्खा सुबह काम आया और पौ फटते ही शंकर भगवान को हथकड़ी लगा हिरासत में ले लिया गया। हंगामा मचना लाजिमी था। जब पुलिस किसी चोर मंत्री को पकड़ती है तो हंगामा मच जाता है फिर ये तो भगवान थे। प्रदर्शन और धरनों की बाढ़-सी आ गई। जो खाली था वो धरने में जा बैठा। वैसे भी हमारे यहाँ बेरोजगारों की कोई कमी नहीं है। पुलिस ने सफाई दी। जब भगवान का घर यानी मन्दिर प्रशासन के अन्दर आता है तो जाहिर है उसमें रहनेवाले भी प्रशासन के दायरे में होंगे। बात में दम था। क्योंकि भगवान के चढ़ावे पर इनकम टैक्स देना पड़ता है, मन्दिर बनाने के लिए प्रशासन से अनुमति लेनी पड़ती है, नहीं तो मन्दिर तोड़े भी जाते हैं। पुलिस ने रम्भा और मेनका के बयान पर भगवान को महिला उत्पीड़न के जुर्म में अन्दर किया था। अब तक उस थानेदार को भी लगने लगा था कि ये शंकर भगवान वाकई जाग्रत् हैं तभी तो उन्हें अन्दर करते ही पूरे देश को खबर हो गई। टी.वी. और अखबार में वो ही छाए रहने लगे।

अदालत में शंकर भगवान को पेश किया गया। नारी मुक्ति मोर्चा की तरफ से भगवान के खिलाफ बड़े से बड़ा वकील मुफ्त में खड़ा होने को तैयार था। क्योंकि यहाँ पब्लिसिटी होने की गारंटी थी। ये देख भगवान ने भी पृथ्वी के इस नए मीडिया भगवान का लोहा माना होगा जिसने इनसान को उसके खिलाफ खड़ा होने को आतुर कर दिया था। भगवान की पैरवी के लिए एक सरकारी वकील नियुक्त किया गया। ये कोई नई बात नहीं थी, भगवान को अपनी पैरवी के लिए हमेशा से इनसानों की जरूरत रही है। सैटानिक वर्सेस की तरह एक खयाल आया कि कहीं भगवान ने हम इनसानों को सिर्फ अपने गुणगान करने के लिए ही तो नहीं बनाया क्योंकि ऐश्वर्य और वैभव का मजा उनके गुणगान में ही निहित है। बहरहाल, जज अनन्य शिव-भक्त थे, पिछले पच्चीस सालों से हर रोज शिव की उपासना कर उनसे सही न्याय करने की शक्ति माँगते रहे थे। शिव की प्रतिमा को देख मन ही मन उन्हें प्रणाम किया और फिर कार्यवाही शुरू हुई।

गीता लाई गई। जैसे ही उसे शिव भगवान के पास कसम खिलवाने के लिए ले जाया गया, सरकारी वकील ने आपत्ति की कि ये स्वयं शिव भगवान हैं इन्हें विष्णु के अवतार की शपथ दिलवाना उनके मुवक्किल का अपमान है। दिलवाना ही है तो विष्णु की दिलवाइए। ब्रह्मा, शिव और विष्णु समकक्षी हैं। जज ने आपत्ति स्वीकार की। अब जिरह शुरू हुई। नारी मुक्ति मोर्चा का वकील काफी मँजा हुआ था। उसने कहा—माई लॉर्ड, ये शख्स जो कटघरे में पालथी लगाए बैठा है बहुत ही घमंडी, क्रूर और विध्वंसक प्रवृत्ति का है। इसे राजा दक्ष ने अपने यज्ञ में नहीं बुलाया तो इसने भयंकर नरसंहार करवाया, हजारों योद्धाओं का सर कलम करवाया, यहाँ तक कि सरेआम राजा दक्ष का सिर कटवाकर हवन की अग्नि में डाल दिया। इतना ही नहीं, इस शख्स की दया भी देखिए। जब बाकी देवताओं ने इन्हें दया कर राजा दक्ष को जीवित करने को कहा तो इन्होंने दया दिखाई और राजा दक्ष को जीवित तो किया पर उनके सिर की जगह एक बकरे का सिर लगा दिया जिससे राजा अपनी बाकी उम्र जिल्लत में काटे। लोग उसका मजाक उड़ाएँ। जरा सोचिए, माई लॉर्ड, अगर ये हरकत

इन्होंने आपके साथ की होती तो आप उस बकरे के सिर के साथ जीना पसन्द करते या मरना! ये शख्स...

सरकारी वकील ने फिर आपत्ति की, बोले–माई लॉर्ड, इस कटघरे में एक जाग्रत् भगवान है खाली मूर्ति नहीं इसलिए मेरे फाजिल दोस्त का इनके लिए सम्बोधन इनकी गरिमा के अनुरूप होना चाहिए। कृपया इन्हें हिदायत दें कि ये शख्स की बजाय इन्हें भगवान के नाम से सम्बोधित करें। बार-बार इनके लिए शख्स का प्रयोग करना मेरे मुवक्किल का अपमान है।

नारी मुक्ति मोर्चा के वकील ने पूछा–ये जाग्रत् हैं? ये आप इतने यकीन से कैसे कह सकते हैं?

सरकारी वकील ने कहा–मैं इनका वकील हूँ, जाहिर है, मेरी इनसे बात होती है।

एक तो वकील वो भी सरकारी, झूठ बोलने में माहिर तो होगा ही।

जज ने बात मानते हुए भगवान कहकर सम्बोधित करने की हिदायत दी।

नारी मुक्ति मोर्चा के वकील ने कहा–जो आदेश, हाँ तो मैं कह रहा था कि ये भगवान क्रूर होने के साथ-साथ बहुत शक्तिशाली भी हैं। सभी देवता जिनकी सुबह-शाम लोट-लोटकर पूजा करते हैं वे देवता भी इनके गुस्से से थर-थर काँपते हैं। अब आप समझ...

सरकारी वकील ने आपत्ति उठाई कि इन सब बातों का इस केस से कोई लेना-देना नहीं है।

नारी मुक्ति मोर्चा के वकील ने कहा–लेना-देना है माई लॉर्ड। यह सब बताकर मैं इस चेहरे के पीछे छिपे इनके चरित्र को दिखाने का प्रयत्न कर रहा हूँ कि इन जैसे गुस्सैल, अहंकारी और एक शक्तिशाली भगवान के लिए मासूम और अबला रम्भा और मेनका से दुष्कर्म करवा सकना कोई बड़ी बात नहीं है।

खेल हाथ से सरकता देख सरकारी वकील ने कहा–माई लॉर्ड, ये सब मनगढ़ंत बातें हैं। कानून कहानियों पर नहीं सबूतों पर निर्णय देता है।

जज भी मन ही मन खुश हुए कि इतने साल वकालत करने के बावजूद सरकारी वकील को विश्वास है कि कानून सबूतों के आधार पर ही निर्णय देता है।

जज–आपके पास क्या सबूत है?

नारी मुक्ति मोर्चा के वकील ने कहा कि ये बात तो हिन्दुस्तान का बच्चा-बच्चा जानता है अगर विश्वास नहीं होता तो मुनादी करवा के इस भगवान की पहचान करवा ली जाए।

जज ने तुरन्त ही अदालत में उपस्थित लोगों से पूछा–सबने शिव भगवान को पहचान लिया और उन तथ्यों की पुष्टि भी की जो नारी मुक्ति मोर्चा के वकील ने बताई थी। सरकारी वकील ने सर पीट लिया पर हिम्मत नहीं हारी, बोले–इनमें से कोई भी इन हादसों का चश्मदीद गवाह नहीं है इसलिए अगर कोई ठोस सबूत हो तो बताएँ अन्यथा इन बातों का कोई मतलब नहीं है।

नारी मुक्ति मोर्चा के वकील ने शिव पुराण उठाई और जज को दे दी और कहा–ये रहा ठोस सबूत।

सरकारी वकील हार माननेवाला नहीं था। ये भगवान को प्रसन्न करने का एक बहुत ही सटीक जरिया था। उसने कहा–इसमें जो लिखा है वो कहानियाँ भी हो सकती हैं माई लॉर्ड।

नारी मुक्ति मोर्चा के वकील ने जज से कहा–होने को तो कुछ भी हो सकता है। आपकी मेज में रखी हुई किताब जिसमें कानून लिखा हुआ है जिसकी बदौलत आज ये अदालत बैठी है और जिसके अनुसार यहाँ फैसले सुनाए जाते हैं, कहानियाँ तो उस किताब में भी हो सकती हैं। किताबें तो दोनों ही हैं, अब ये फैसला कौन करेगा कि किसमें कहानी है और किसमें नहीं!

जज–ये कानून ढाई सौ साल पहले हम और आप जैसे लोगों ने मिलकर बनाया है।

नारी मुक्ति मोर्चा के वकील ने कहा–क्या सबूत है इस बात का?

जज असमंजस में पड़ गए। बोले–ये कानून की किताब ही इस बात का सबूत है। नारी मुक्ति मोर्चा के वकील ने कहा–यही तो मैं कह रहा हूँ माई लॉर्ड, आपकी बात का सबूत भी सिर्फ ये कानून की किताब ही है और कोई सबूत नहीं है आपके पास। ठीक उसी तरह मेरी कही हुई बातों का सबूत भी शिव पुराण है और माई लॉर्ड, ये किताब ढाई सौ साल पहले

नहीं, दो–ढाई हजार साल पहले लिखी गई थी। इस पुराण को आप पढ़ेंगे माई लॉर्ड तो आपको पता चलेगा कि रम्भा और मेनका जैसी अबलाओं को ऋषि–मुनियों के पास भेजना इस भगवान के लिए आम बात है। इन्होंने ये पहली बार नहीं किया है। ये काम ये सदियों से करते आ रहे हैं। हालाँकि आपको उस पुराण में इनकी दरियादिली की कई दास्तान भी मिलेगी पर माई लॉर्ड, ये केस इनकी क्रूरता का है, दरियादिली का नहीं। और कानून किसी को भी क्रूरता करने का अधिकार नहीं देता है चाहे वो कितना भी दरियादिल ही क्यों न हो।

भगवान का पक्ष पिटता देख जज ने आनन–फानन में अगली तारीख दे दी। भगवान को जेल ले जाया गया। वहाँ सबको मालूम था कि वे भगवान जाग्रत् हैं उनकी आवभगत की गई। जब छह सिपाही भगवान को कन्धे पर उठा के सामान्य कोठरी की ओर ले जाने लगे तो जेलर चिल्लाया–सालो, जब दो टके का मंत्री यहाँ आता है तो उसे सीधे वी.आई.पी. कोठरी में ले जाते हो, ये तो साक्षात् भगवान हैं। भूल सुधार की गई और उन्हें अलग से कमरा दिया गया।

दिन भर टी.वी. पर ये खबर देख जज की बीवी ने आग्रह किया कि आप भगवान को सजा मत दे देना, नहीं तो ये पाप आपके सिर आएगा और शिव जी के गुस्से से हम सब तबाह हो जाएँगे। जज वैसे ही परेशान थे अपने आपको कमरे में बन्द कर सोचने लगे। उधर टी.वी. चैनलों पर नारी मुक्ति मोर्चा की महिलाएँ और वकील छाए हुए थे।

अगली तारीख को फिर छह सिपाही शिव भगवान की मूर्ति को उठाकर अदालत लाए। जज ने आते ही कहा कि इस केस पर विचार कर मुझे लगता है कि फरियादी को यहाँ बुलाना चाहिए। और उन्होंने नारी मुक्ति मोर्चा के वकील से कहा कि अगली तारीख पर उन्हें पेश करें।

नारी मुक्ति मोर्चा के वकील ने कहा–माई लॉर्ड, दोनों फरियादी भी भगवान के कब्जे में हैं। हम तो आपसे दरख्वास्त करनेवाले थे कि पहले उन्हें इनके चंगुल से छुड़वाया जाए। ये कहते हुए वकील ने रम्भा और मेनका का वो बयान दिखाया जिसमें लिखा था कि...हम शंकर भगवान के अधीन रहते हैं और उनकी आज्ञा के बिना कहीं भी नहीं जा सकते

हैं।...बोले, जो शख्स, माफ कीजिएगा, जो भगवान समुद्र मन्थन के दौरान निकले विष को पी जाए और उसे अपने कंठ से नीचे न उतरने दे, जहर जैसी चीज को भी जो बेबस कर दे, उसके सामने भला इन अबलाओं की क्या हिम्मत होगी कि वे इसके चंगुल से भाग निकलें। और अगर उनमें निकल भागने का साहस होता तो वे सदियों पहले ही भाग चुकी होतीं क्योंकि चिरकाल से महिलाओं को देवलोक में अधिकांशतः या तो वासना का प्रतीक माना जाता रहा है या फिर बच्चा जननेवाला कोई यंत्र। जज ने सरकारी वकील से पूछा कि इस बारे में उन्हें क्या कहना है? सरकारी वकील को कुछ नहीं सूझ रहा था। वकीली तकियाकलाम का प्रयोग किया और बोले—ये सरासर बेबुनियाद आरोप है। रम्भा और मेनका मेरे मुवक्किल के कब्जे में नहीं हैं।

नारी मुक्ति मोर्चा के वकील ने कहा—माई लॉर्ड, देवलोक की कन्या देवलोक में नहीं रहेगी तो कहाँ रहेगी! फिर उसने उस बयान पर लिखा हुआ पता दिखाया जो देवलोक का था। अब इनसान होकर हममें से कोई उन्हें देवलोक से तो ला नहीं सकता, ये काम तो मेरे काबिल वकील ही अपने जाग्रत् मुवक्किल से करवा सकते हैं। कृपा करके उन्हें हिदायत कीजिए की रम्भा और मेनका को शीघ्रातिशीघ्र अदालत में पेश करें।

बात में दम था। वाकई अगर कोई उस पते पर जा सकता है तो वे स्वयं भगवान थे और ये काम सिर्फ उनका वकील ही करवा सकता था।

जज ने सरकारी वकील को हिदायत दी। बोले—क्योंकि आपने भगवान के जाग्रत् होने की बात कही है, यहाँ तक कि इनका सम्बोधन भी बदलवाया है इसलिए अदालत ये मानती है कि आपका इनसे संवाद होता है इसलिए अब यह आपकी जिम्मेवारी है कि आप रम्भा और मेनका को अदालत में पेश करें। अन्यथा ये अदालत की अवमानना मानी जाएगी और आप पर कार्यवाही होगी।

सरकारी वकील ने रोना-पीटना शुरू कर दिया। बोले—माई लॉर्ड, मैं उन्हें कहाँ से लाऊँगा। मैं तो उन्हें जानता भी नहीं। और ये कुछ बोलते ही नहीं। फिर भगवान की तरफ देखकर प्रार्थना करने लगा कि आप कुछ कीजिए, नहीं तो मैं कुछ नहीं कर पाऊँगा। हम ये केस हार जाएँगे। पर

भगवान शान्तचित्त हो बैठे रहे। वकील ने अपना कोट उतारा और अदालत से केस छोड़ने की दरख्वास्त की। बोले–मैंने झूठ बोला था कि इनसे मेरी बात होती है।

नारी मुक्ति मोर्चा के वकील ने कहा–माई लॉर्ड, जिस मुवक्किल के सामने उसका वकील बेबस हो, इतना सब कुछ होने के बाद भी जिसके चेहरे पर शिकन तक न आए, यह उन सब तथ्यों को चरितार्थ करता है जो मैंने इनके बारे में कहा था। ये भगवान वाकई अहंकारी और अपने ताकत के नशे में चूर हैं। इन जैसे भगवान का मन्दिरों में बैठना, जहाँ हमारी माँ-बहनें अकेले आती-जाती हैं, कतई सुरक्षित नहीं है। अब फैसला आपके हाथ में है माई लॉर्ड, आज पूरा हिन्दुस्तान देख रहा है कि आपकी कलम से रम्भा और मेनका को इन्साफ मिलता है या बदनामी। आपकी कलम से इस अहंकारी को जीत मिलती है या सजा। ये सबक होगा तमाम अहंकारियों के लिए। आज आप सिर्फ एक फैसला नहीं एक इतिहास लिखने जा रहे हैं और आनेवाली पीढ़ियों के लिए एक सबक।

जज इस धाराप्रवाह भाषण से बहुत प्रभावित हुए और फैसला दस मिनट बाद सुनाने का कहकर अपने चैम्बर में चले गए। वे अपने चैम्बर में बैठे मन्द-मन्द मुस्कुरा रहे थे और किसी बात पर खुश हो रहे थे। फिर उन्होंने अपनी बीवी को फोन लगाया और बोले–आज नारी मुक्ति मोर्चा के वकील ने कहा कि मैं फैसला नहीं इतिहास लिख रहा हूँ और आनेवाली पीढ़ियों के लिए एक सबक। देखा, मैं कितना बड़ा काम करने जा रहा हूँ। मुझे लगता है कि मेरी पच्चीस साल की पूजा से खुश होकर भगवान स्वयं मेरी परीक्षा लेने आए हैं।

पत्नी ने कहा–और हो सकता है कि उस वकील से इतिहास लिखनेवाली बात कहलाकर स्वयं भगवान ने आपको इशारा किया है कि ये बहुत अहम फैसला है इसमें आपकी भक्ति या आस्था आड़े नहीं आनी चाहिए। कहीं वो वकील ही तो भगवान नहीं है।

जज ने कहा–नहीं-नहीं, इन दोनों वकीलों को तो मैं बीस साल से जानता हूँ। पहले दो सौ रुपए की दलाली करते फिरते थे। माना कि

कलियुग है पर भगवान इतना नीचे नहीं गिर सकते कि उन्हें इन टुच्चों का सहारा लेना पड़े। हो न हो भगवान उस मूर्ति में ही विद्यमान हैं।

पारिवारिक चर्चा के उपरान्त अन्ततः इन्होंने अदालत में फैसला सुना दिया कि शिव भगवान को दस साल कैद-ए-बामशक्कत की सजा दी जाती है।

पुलिसवाले चिल्ला उठे—रहम! रहम! माई लॉर्ड रहम!

जज ने चकित होकर पूछा कि आप लोगों को क्या दिक्कत है?

पुलिसवालों ने कहा—माई लॉर्ड, कृपया इनका श्रमदान हटा खाली कारावास कर दीजिए।

जज ने पूछा—वो क्यों?

पुलिसवालों ने कहा—माई लॉर्ड, इन्हें जेल से अदालत लाने में ही हम लोगों के कन्धे छिल गए हैं, अब दस साल इन्हें रोज खुदाई की जगह दो-दो मील लाना ले जाना पड़ेगा तो हमारा क्या हाल होगा! उन जंगलों में तो बस की भी व्यवस्था नहीं है।

जज ने कहा—प्रशासनिक असुविधा के नाम पर कानून के साथ खिलवाड़ नहीं किया जा सकता। और ये कहकर चलते बने। पुलिसवालों ने उस थानेदार को खूब बुरा-भला कहा जिसने भगवान को गिरफ्तार किया था। साले ने अपनी घूस के लिए हमारी आफत कर दी। फिर झक मार के भगवान को कन्धे पर लाद चलते बने।

उस दिन से आज तक भगवान प्रशासन के कन्धों पर ही चल रहे हैं क्योंकि अगर प्रशासन अपना काम ठीक तरह से करता तो भगवान को कौन पूछता! जज काफी समय तक अपनी इस परीक्षा के परिणाम की प्रतीक्षा करते रहे। अभी हाल में ही सुनने में आया कि उनके सेवानिवृत्त होने के एक दिन बाद एक दुर्घटना में उनकी बीवी की मृत्यु हो गई और उनका बायाँ हिस्सा लकवे की मार झेल रहा है। ये शिव भगवान का प्रतिशोध था या महज एक इत्तिफाक, ये कहना मुश्किल है पर उस जज को ये कहते सुना गया है कि पहले भगवान इनसान बन के ठगते थे, अब मूर्तियाँ भगवान बनकर।

देश ढोना है, वाहन चाहिए

वैसे तो देश के हाथ-पाँव नहीं होते और जिनके होते हैं वे उन्हें हाथ-पाँव मारने में उलझा के रखते हैं, चलने के लिए नहीं। हिन्दुस्तान एक ऐसा देश है जो हाथ-पाँव मारने में विश्वास रखता है और यहाँ के लोग हाथ-पाँव चलाने में। जब लोग हाथ-पाँव चलाते हैं तो देश हाथ-पाँव मारना छोड़, हाथ-पाँव से मारने में व्यस्त हो जाता है। इस तरह देश और उसके लोगों के हाथ-पाँव तो चलते रहते हैं पर देश वहीं का वहीं खड़ा रहता है।

स्वतंत्रता के बाद कुछ बुद्धिजीवियों ने इस पर विचार किया और ये तय हुआ कि देश को चलाने के लिए एक अलग वाहन चाहिए, ये देश इन हाथ-पाँव से चलनेवाला नहीं है। देवी-देवताओं के साक्षात् हाथ और पाँव होने के बावजूद उन्हें तक वाहन की जरूरत पड़ती है, तो जाहिर है, देश को आगे बढ़ने के लिए भी वाहन चाहिए। पर वाहन के लिए सड़क चाहिए और उस समय सडकें थीं नहीं। समस्या गम्भीर थी। जारी चर्चा में एक बुद्धिजीवी ने पूछा कि अब तक देश कैसे चलता था? आप चौकिए नहीं, ये प्रश्न बुद्धिमत्तापूर्ण अवश्य प्रतीत होता है पर ये हमारे देश के बाबुओं का प्रिय प्रश्न है। जब भी विकास के लिए कोई नया तरीका बताया जाए तो ये पूछकर फाइल वापस कर दी जाती है कि अब तक काम कैसे चलता था। और नए-नए उपक्रम धरे के धरे रह जाते हैं। ये प्रश्न भी उसी तारतम्यता में पूछा गया था। इसलिए सब खीझकर चुप्पी मारे बैठे रहे। उस शख्स ने फिर पूछा—वाहन के लिए सड़कें चाहिए और सड़कें हैं नहीं तो अब तक अंग्रेज इसे कैसे चला रहे थे? तब एक ने खीझकर कहा—अपने जूते से।

कुछ लोगों को ये बात भा गई। उन्हें लगा कि बात सही है। अंग्रेजों के भारी-भरकम चमड़े के जूते, जिनके तलवे पर घोड़े की नाल ठुकी होती थी, वो एक बार चलता और हिन्दुस्तानी चार कदम आगे जा गिरते। ऐसे ही चार-चार कदम बढ़ हिन्दुस्तान चलता था। उन्हें लगा कि डेढ़-दो सौ साल की गुलामी के कारण अब ऐसे चलने की आदत सी हो गई है। तब एक और ने कहा कि डेढ़-दो सौ साल यानी छह-सात पीढ़ियाँ इसकी आदी हो चुकी हैं, अब तो आनुवंशिक परिवर्तन (जेनेटिक चेंज) भी आने शुरू हो गए होंगे। पहले चिन्तन शिविर के समापन के बाद वे इसी दृढ़ विश्वास के साथ वहाँ से बाहर निकले और उनमें से कुछ आज भी हिन्दुस्तान को उन्हीं चमड़े के जूतों से चलाने की कोशिश कर रहे हैं। लेकिन बाकियों को लगा कि दो सौ साल बहुत होते हैं, अब परिवर्तन बतौर कोई और वाहन लेना चाहिए। पर सड़क की समस्या तो थी ही। यह तय हुआ कि पहले हिन्दुस्तान को सबसे पास की सड़क तक अपने कन्धों पर एक-एक इंच आगे बढ़ाया जाए और करीब दस साल में उसे सड़क पर ला खड़ा किया गया। इस काम में दो तरह के लोग लगे थे—एक बुद्धिजीवी जो रास्ता दिखाते थे और दूसरे वो जो इसे कन्धों पर ढो रहे थे। अब वाहन पर चर्चा चालू हुई। जो लोग इस भारी-भरकम हिन्दुस्तान को अपने कन्धों पर लाए थे उनके लिए बतौर वाहन गधे का प्रस्ताव रखना लाजिमी था। पर क्योंकि बुद्धिजीवियों की गधे से परम्परागत दुश्मनी रही है इसलिए ये प्रस्ताव ठुकरा दिया गया। बात घोड़े, हाथी, शेर, चीता से होते हुए मोर पर आ टिकी। बुद्धिजीवियों ने इसका समर्थन किया क्योंकि ये देवी सरस्वती का वाहन भी है जो कि ज्ञान और विवेक की देवी मानी जाती हैं। अब मोर से सहायता लेनी थी तो बदले में उसे कोई सरकारी पद भी देना जरूरी था। इस तरह मोर को 1963 में राष्ट्रीय पक्षी घोषित कर दिया गया। और मोर ने भी बदले में भारत का वाहन बनना स्वीकार किया। दूसरे पक्षियों ने समझाया कि मत बन, सरकारी पद के लोभ के आगे किसी की एक न चली। मोर बौला—मैं साक्षात् सरस्वती जी को उठाकर सरपट दौड़ता हूँ तो फिर ये देश क्या चीज है! मोर के ऊपर देश को रख सब अपने घर चल दिए। बेचारा नाजुक-सा मोर और भारी-

भरकम देश। मोर बेचारा भारत के बोझ तले चिपक गया। उसे शाश्वत सरस्वती और स्थूल संसार का फर्क साफ समझ में आ गया था। चलना तो दूर उसे साँस लेना भी दूभर हो रहा था। कुछ समय लोगों ने इन्तजार किया पर जब देखा कि देश चल ही नहीं रहा है तो बुद्धिजीवी उसके पास गए और कहा–आप तो ज्ञान की देवी के वाहक हो, हमें भी ज्ञान दीजिए कि किस दिशा की ओर चलना है। मोर ज्ञान क्या देता उसके तो खुद जान के लाले पड़ रहे थे। फिर भी मोर ने बात सँभालते हुए कहा–कुछ ही दिन में हम चलना शुरू करेंगे। बुद्धिजीवियों को वैसे भी कभी किसी चीज की जल्दी नहीं होती, वे आश्वस्त हो लौट गए।

इधर, मोर समझ गया था कि अब इस तरह एक जगह खड़े रहकर ज्यादा दिन नहीं चलेगा। उसने धीरे-धीरे खिसकना शुरू किया। लोग खुश हुए। वो जैसे ही एड़ी-चोटी का जोर लगा के खिसके तो दर्द के मारे उसके मुँह से आवाज निकलती। यह माना जाता रहा है कि जब मोर बोलता है तो समझो मानसून दस्तक देनेवाला है। किसानों ने मोर की आवाज सुन बीज बोने शुरू कर दिए। जाहिर था। फसल नष्ट हो गई क्योंकि वो मोर की दर्द से कराहने की आवाज थी, मानसून आने से पहले आनन्द से झूमते हुए मनोरम की नहीं। उस साल, 1966 में बिहार में भीषण अकाल पड़ा, दूसरे प्रान्तों की भी हालत पतली थी। स्थिति ये थी कि अमेरिका से हर रोज बीस हजार टन गेहूँ लगातार करीब पाँच-छह महीने तक आता रहा और हमारे पास उन जहाजों के भाड़े के लिए भी पैसा नहीं था। कुछ बुद्धिजीवियों को चिन्ता हुई, उन्हें लगा कि ये मोर के बस की बात नहीं है पर अब किसी को सरकारी नौकरी से निकालना इतना आसान तो है नहीं। यहाँ चोरी करने और घूस लेनेवालों को निकालने में हालत पतली हो जाती है। किसी सरकारी नौकर को सिर्फ काम ठीक से नहीं करने पर निकालना नामुमकिन है। अगर किसी तरह निकाल भी दिया जाए तब ये सरकारी नौकरी की प्रतिष्ठा का प्रश्न था जिसे सरकारी दामाद की उपमा दी जाती थी। बुद्धिजीवी फिर पहुँचे मोर के पास। चेहरा पसीने से तर-बतर, अपने भद्दे पाँव ऊपर आकाश की ओर कर वो अचेत पड़ा था। सारे विश्व ने उस मोर की हालत देखी, मोर

ने तबीयत खराब होने का हवाला दिया और कुछ ही दिनों में सब ठीक कर देने की बात कही। उनके जाते ही मोर ने कछुए से निवेदन किया कि तुम लोगों ने पूरी पृथ्वी का वजन सँभाला है, कृपा करके भारत का वाहन बन मेरी मदद करो और उसके एवज में सरकार से जो मिलेगा उसे आधा-आधा बाँट लेंगे। समुद्र मन्थन के बाद से कछुए वैसे भी खाली बैठे थे। उन्होंने स्वीकार कर लिया और मोर ने चुपचाप हिन्दुस्तान का वजन उनकी पीठ पर लाद दिया। हिन्दुस्तान की बागडोर अब कछुए के हाथ में आ गई थी। इधर हिन्दुस्तान फिर कछुए की चाल से चलने लगा। इस परिवर्तन से अनभिज्ञ बुद्धिजीवियों ने मोर की सराहना की। उधर, कछुए मेहनत कर हिन्दुस्तान को चला रहे थे और इधर मोर वाहवाही लूटता रहा। मोर की इस उक्ति ने नई परिपाटी को जन्म दिया जो आज भी हमारे देश में हर क्षेत्र में व्याप्त है।

अगले दो-ढाई दशक तक हिन्दुस्तान यूँ ही कछुए की चाल से चला। एक बार फिर संकट आया, इस बार भी देश में पैसे की कमी हो गई थी। बुद्धिजीवियों ने फिर मोर का दरवाजा खटखटाया और निवेदन किया कि कुछ ऐसी व्यवस्था कीजिए कि हमें पैसा मिले, हम तेजी से उड़ना चाहते हैं। मोर ने उन्हें आश्वस्त कर वापस भेज दिया। मोर सोच में पड़ गया क्योंकि ये काम कछुए के बस का नहीं था। मोर को पैसे से लक्ष्मी जी का स्मरण हो आया। वे उनके वाहन उल्लू के पास अपनी गुहार लगाने पहुँचे। पर मोर को संशय था कि शायद उल्लू भारत का वजन न उठा पाए क्योंकि उसकी पीठ भी मोर की तरह ही कमजोर थी। उल्लुओं ने कहा कि ठीक है, हम सत्तर-अस्सी उल्लू मिलकर ये काम कर लेंगे। हमें मालूम है कि किस-किससे पैसा मिल सकता है। मोर ने कछुओं को निकालकर उल्लुओं को काम पे लगा दिया। इस तरह 1990 के उपरान्त भारत को सत्तर-अस्सी उल्लू चलाने लगे। अब भारत उल्लू की चाल से चलने लगा। भारत रात को चलता था, दिन में सोता था। जाहिर है, उल्लू है इसलिए उन्होंने किसी ऐसे देश से सम्पर्क किया जहाँ जब भारत में रात हो तो वहाँ दिन। उल्लू देश को उस दिशा में ले जाते गए और पैसा आता गया। बुद्धिजीवी अति प्रसन्न हुए। एक बार फिर मोर की पीठ थपथपाई गई।

इस बात को अब करीब दो दशक होने को आए हैं तब मैंने सोचा कि देखें तो सही, ये उल्लू आखिर हमारे देश को किस दिशा में ले जा रहे हैं? मैंने पाया कि अमेरिका उल्लुओं को उल्लू बनाकर अपनी ओर खींचे जा रहा है। आज अमेरिका जहाँ खड़ा है और जिस अर्थनीति पर चल रहा है वो उसके लिए ठीक हो सकती है और न भी हो तो वैसे भी वो मेरी सुननेवाला है नहीं। खैर, नाहक अमेरिका को दोष देना भी ठीक नहीं है क्योंकि मेरी सुननेवाले तो यहाँ भी नहीं हैं। पर फिर भी ये देश मेरा है और यहाँ के बुद्धिजीवियों को आगाह करना मेरा फर्ज है। अमेरिका और हिन्दुस्तान में बहुत फर्क है। ज्यादातर देश अमेरिका से डरते हैं और हमें डराते हैं ये अन्तर है। यहाँ जितने प्रतिशत लोग गरीब हैं वहाँ उतने प्रतिशत लोग अमीर हैं। ये फर्क है। वहाँ तीन गुने बड़े क्षेत्रफल में भारत की तुलना में एक-तिहाई लोग रहते हैं। ये फर्क है। वो दो सौ साल से आजाद मुल्क है, ये फर्क है। अमेरिका का वाहन वहाँ के लोग हैं, उल्लू नहीं, ये फर्क है।

बुद्धिजीवियों से बात कर मैंने इसकी दिशा बदलने का प्रयास किया पर वो मानने को तैयार न हुए। उलटा अमेरिका की तारीफों के पुल बाँधते नहीं थक रहे थे। मैं समझ गया कि ये 1966 का गेहूँ बोल रहा है। जिसका अन्न खाया अब उससे गद्दारी कैसे करे? अब लगता है, मुझे उस समय तक इन्तजार करना पड़ेगा जब तक 1966 के बाद पैदा हुई नस्ल बुद्धिजीवी कहलाएगी। वाकई 1966 का वो अमेरिकी अन्न और इस मोर को राष्ट्रीय पद देना बहुत भारी पड़ गया!

भरोसे के झरोखे से

दुनिया में ये 'भरोसा' बड़े काम की चीज है। अभी-अभी टी.वी. के इश्तहार से मालूम हुआ कि ट्रक ड्राइवर एक खास किस्म के इंजन ऑयल पर भरोसा करते हैं और हिरोइन किसी सुगंधित साबुन पर। खैर हिरोइनों की तो मजबूरी है, प्रोड्यूसर-डायरेक्टर पर तो भरोसा कर नहीं सकतीं। इसलिए साबुन ही सही, नहाते समय बहुत फिसला तो टब से बाहर चला जाएगा। लेकिन प्रोड्यूसर और डायरेक्टर फिसलते हैं तो सीधा टब के अन्दर आ गिरते हैं। सरकार जनता की गरीबी और वर्ल्ड बैंक दोनों पर भरोसा करती है। दलाल सरकारी अफसरों पर, कॉमन वेल्थ गेम्स के ऑर्गेनाइजर बारिश और बाढ़ पर, आतंकवादी प्रजातंत्र पर, मिलिटरी गोली पर और पुलिस जनता की बुजदिली पर। जिनका कोई भरोसा नहीं होता है वे भगवान भरोसे होते हैं। जैसे रेलवे, राशन की दुकानें, सरकारी टेंडर आदि। कई तो भरोसा खोजने की झंझट से बचने के लिए अपना नाम ही 'रामभरोसे' रख छुट्टी पाते हैं। हर चीज किसी दूसरे के भरोसे है। फिर भी लोग अपनी शेखी बघारने से बाज नहीं आते हैं। न जाने भगवान ने इतनी बड़ी सृष्टि किसके भरोसे बनाई है। खुद के भरोसे तो हो नहीं सकती है क्योंकि वो स्वयं भक्तों के भरोसे होते हैं हालाँकि आजकल बाबरी मस्जिद मामले में भगवान इलाहाबाद 'हाईकोर्ट' के भरोसे हैं। और अगर वाकई खुद के भरोसे बनाई है तो बहुत दुख और चिन्ता की बात है क्योंकि तब ये सृष्टि और हम सब, भगवान भरोसे हुए। पर मुझे पूरा विश्वास है कि भगवान हमसे इस तरह बदला नहीं लेंगे। वो इतने क्रूर नहीं

हो सकते। हालाँकि हमने भी कोई कसर नहीं छोड़ी है, जब कहीं सड़क चौड़ीकरण का काम होता है मन्दिर हटाए जाते हैं और कोई न कोई भगवान लपेटे में आ जाते हैं। और भगवान का ज्यादातर समय कलेक्टर के ऑफिसों और हाईकोर्टों में चपरासी से लेकर जज तक को सफाई देते गुजरता है। भरोसे में कोई बात तो है कि वो इनसान से लेकर भगवान तक को कटघरे में खड़ा कर देता है। पर कटघरे के बाद कोर्ट है और वहाँ कितना भरोसा है ये आप सब जानते ही हैं।

भगवान हमें भरोसा देने का काम करते हैं पर यहाँ उनके काम में हाथ बँटानेवाले भी बहुत हैं। नेता कहता है कि उसके भरोसे रहो, गुंडे कहते हैं कि उनके भरोसे रहो, ये फेहरिस्त बहुत लम्बी है–साहूकार से सरकार तक सभी भरोसा देने को तैयार हैं। सरकार चाहे किसी की भी हो, भगवान के इस भरोसा दिलाने के कार्य के प्रति हमेशा से उसकी श्रद्धा रही है। उसे भरोसा देने की इतनी आदत हो गई है कि अब वो भरोसा देने के अलावा कुछ और कर ही नहीं सकती। जनता बेचारी भी क्या करे, उसके पास विकल्प ही सिर्फ दो हैं या तो इन भगवान के काम में हाथ बँटानेवाले फरिश्तों का भरोसा करे या फिर सीधा भगवान भरोसे रहे।

लेकिन जो लोग मुफ्त में भरोसा देते फिरते हैं उनसे बच के रहना चाहिए। वे भरोसे का वास्ता देकर आपकी जान भी ले लेना अपना जन्मसिद्ध अधिकार समझते हैं। एक मकान में आग लगी थी, दूसरी मंजिल पर खड़ा आदमी डर से चिल्ला रहा था पर कूदने की हिम्मत नहीं थी, नीचे खड़े आदमी ने कहा–"कूद जाओ, मुझ पे भरोसा रखो।" वो सीधा उसी आदमी पर जा कूदा। फिर न भरोसा देनेवाला बचा और न ही भरोसा करनेवाला। गनीमत थी कि उसी के ऊपर कूदा, नहीं तो वह एक-दो की जान और ले लेता। महाभारत में, अर्जुन ने कृष्ण पर भरोसा किया तो कृष्ण ने उससे उसी के भाइयों की हत्या करवा दी। रामायण में रावण ने सीता पर भरोसा किया कि एक दिन सीता उसकी हो जाएगी तो उसे हमने राक्षस बना दिया, राम ने सीता पर भरोसा नहीं किया तो वो भगवान बन गए। ये सीता का दोष था या भरोसे का, कहना मुश्किल है। पाकिस्तान ने तालिबान पर भरोसा किया और अब वो खुद किसी के

भरोसे के काबिल नहीं रहा। सद्दाम हुसैन ने सिकन्दर और पोरस की कहानी पर भरोसा किया पर बेचारा मारा गया।

भरोसे की अद्भुत मिसाल शादीशुदा जिन्दगी है क्योंकि उसकी बुनियाद ही भरोसे पर टिकी है। न जाने वो दिन में कितनी बार टूटती है पर बेशर्म छिपकली की दुम की तरह शाम तक फिर उग आती है। हालाँकि इसके दुबारा उगने की कोई वजह नहीं है मगर हाँ मजबूरी जरूर हो सकती है। और जहाँ मजबूरी नहीं होती है वहाँ का नजारा ही अलग होता है। प्रेयसी जब पहली बार प्रेमी पर भरोसा करती है तो शादी हो जाती है, दूसरी बार करती है तो बच्चे और तीसरी बार भरोसा किया तो नौबत तलाक तक जा पहुँचती है। चौथी बार की नौबत ही नहीं आती क्योंकि उसके बाद आदमी और शादी दोनों भरोसे के काबिल नहीं रह जाते, तब तक बुनियाद तो बुनियाद पूरा परिवाररूपी महल हिल चुका होता है। और वो टूटा हुआ परिवार उस भरोसे की रसीद बनकर रह जाता है। इसलिए शादी में जब तक मजबूरी न हो तब तक भरोसा नहीं करना चाहिए। हाँ, अगर भरोसे की रसीद इकट्ठा करने का शौक हो तो बात अलग है। असल में लोग शादी करते समय काबिलियत पर भरोसा करते हैं पर ये नहीं देखते कि वो भरोसे के काबिल है कि नहीं। इसमें बेचारी शादी का क्या दोष!

विश्व खेल संगठन ने भारत पर भरोसा कर उसे विश्व खेल आयोजित करने की अनुमति दे दी। विश्व खेलों के आयोजन की तैयारी शुरू हुई, जहाँ खेल गाँव बनना था वहाँ के कुत्तों ने खेल के अध्यक्ष पर भरोसा कर खेल गाँव के बनते तक, उस जगह की रखवाली की। खेल गाँव बनने के बाद कुत्ते कमरे में बिछे आलीशान गद्दों पर आराम से सोते थे, उसमें कूद-कूदकर खेलते थे। सब कुछ भरोसे के मुताबिक चल रहा था। अभी हफ्ते भर ही वे वहाँ सो पाए थे कि उन्हें निकाल दिया गया। कुत्तों ने भौंक-भौंककर सारे विश्व में हिन्दुस्तान की बदनामी कर दी। निकालना चाहिए था अध्यक्ष को पर निकाल दिया अध्यक्ष के कुत्तों को। कुछ दिन कुत्तों में बहुत रोष रहा और ये स्वाभाविक भी था! आखिर उनके भरोसे का खून हुआ था। फिर एक दिन खबर आई कि खेलों के लिए

बनाया गया 'पैदल पार पथ' टूट गया। कुत्तों को बहुत दुख हुआ कि उनकी निगरानी के बाद भी ठेकेदार घटिया काम करने में सफल रहा। उस पुल के गिरने से चौबीस मजदूर भाई जख्मी हो गए थे। उन कुत्तों का अपराधबोध उनके रोष पर हावी हो चुका था। कुत्ते मुँह छुपाए फिरने लगे। फिर जब उन्होंने देखा कि पूरी सरकार, प्रशासनिक तंत्र, मुख्यमंत्री और बड़े बड़े नेता, ये कहकर उनकी तरफदारी कर रहे हैं कि ये कोई बड़ी बात नहीं है तो कुत्तों की आँखें कृतज्ञता से भर आईं। कुत्ते जानते थे कि इतने बड़े हादसे को छोटी-मोटी बात बताना नेताओं के लिए आसान न रहा होगा। कम से कम उनके समाज में तो ये सम्भव नहीं था। फिर भी नेताओं ने परवाह किए बगैर कुत्तों का साथ देना उचित समझा। ये वाकई उन कुत्तों के लिए, जिन्हें स्वयं वफादारी का एक प्रतीक समझा जाता है, वफादारी की एक ऐसी अद्‌भुत मिसाल बनकर रह गई जिसका कुत्तों की आनेवाली पीढ़ियाँ गुनगान करते नहीं थकेंगी।

एक बीभत्स रस के शायर ने कहा कि भरोसे की टट्‌टी से 'विश्वास' उत्पन्न होता है। माना कि विश्वास उत्पन्न करना मुश्किल है पर इतना भी नहीं कि टट्‌टी का सहारा लेना पड़े। यकीन मानिए, भरोसा इतनी बुरी चीज भी नहीं है, जैसे कि कुत्तों के अध्यक्ष पर भरोसा शुरुआती झटकों के बाद आखिर कायम हुआ, वैसे ही आपका भरोसा भी एक दिन रंग लाएगा, बस डटे रहिए।

भगवान झूठ नहीं बोलते

बचपन से ही सिखाया गया कि गीता में जो कुछ भी लिखा है वो स्वयं भगवान ने कहा है और वो मात्र एक कहानी नहीं बल्कि जीवन-दर्शन है, जो हम इनसानों का मार्गदर्शन करती है। हमने भी इस बात को माना। जाहिर है, अब भगवान थोड़े ही झूठ बोलेंगे। उन्होंने कहा कि फल की इच्छा मत करो सिर्फ कर्म करो, जो इस पर अमल करता है वो अति उत्कृष्ट है और जो फल की इच्छा रखता है, वो अज्ञानी और मूर्ख है। मार्गदर्शक समाज में बहुत मिलते हैं, वे मील के पत्थर के समान होते हैं जो दूसरों का मार्गदर्शन तो कर सकते हैं पर खुद मंजिल तक नहीं पहुँच सकते। इसलिए जो मंजिल तक नहीं पहुँच पाए वे अक्सर मार्गदर्शक की भूमिका में नजर आते हैं। पर हमें लगा गीता के साथ ऐसा नहीं है।

हम बिना फल की इच्छा किए कर्म करते रहे और अज्ञानी लोग मजा ले ले के उसका फल खाते रहे। एक शख्स, जो फिल्म बनाते थे और रिश्ते में हमारे पड़ोसी लगते थे, उन्होंने हमसे कहा कि मैं उनके लिए फिल्म लिख दूँ। हमने कर्म किया और फिल्म लिख दी। उन्होंने पूछा कि क्या ये फिल्म चलेगी? हमने कहा–मूर्ख हो फल की इच्छा रखते हो। बोले–आप तो ज्ञानी हैं, ज्ञान देने के लिए धन्यवाद। उन्होंने उसमें कुछ लाइनें बदल अपने नाम से फिल्म बना दीं। फिल्म खूब चली, बहुत पैसा आया। वे सब डकार गए। उनका हाजमा बहुत तेज था। हुआ यूँ कि 48 डिग्री की भीषण गरमी में हम पसीने से तर-बतर रात भर बैठे हाथ-पंखे से पसीना सुखा रहे थे और वो हमारा पड़ोसी एयर कंडीशनर में आराम से सो रहा था। मुझे

गीता पर शक हुआ पर भगवान भाँप गए और गीता से आवाज आई–ये तो अज्ञानी और मूर्ख है। उस दिन समझ में आया कि वाकई अज्ञानता में कितना सुख है।

उन्हीं दिनों एक और हादसा हुआ, हमने दया भाव से एक रईस की उसके अन्तिम समय में जी-तोड़ सेवा की। वे दो महीने तक अस्पताल में रहे फिर गुजर गए। उनका अपना कोई नहीं था। उन्होंने जाते-जाते अपनी वसीयत में लिखा कि जिसे भी मेरे मरने का सबसे ज्यादा दुख होगा, उसे सारी जायदाद दे दी जाए। उनका पार्थिव शरीर लाया गया। मुझे बहुत दुख हुआ पर हमने कहा कि आत्मा अजर-अमर है वो कभी नहीं मरती। इसलिए शोक का कोई कारण नहीं है। जो शोक करता है वो अज्ञानी है। पर वहाँ घर का माली रो-रोकर बेहाल था। मैंने उसको समझाना चाहा कि ये जीवनचक्र है। मोह-माया का बन्धन है न कुछ साथ आता है, न ही कोई कुछ साथ ले जाता है। इस पर वो बिगड़कर धीरे से मेरे कान में बोला–पर ये आदमी तो जाते-जाते मेरी दो महीने की तनख्वाह ले गया है। बात में दम था। मैंने गीता की तरफ देखा। भगवान फिर भाँप गए। और वकील ने रोते-बिलखते उस माली के नाम सारी जायदाद कर दी। मैंने सोचा कि काश मैं भी थोड़ा रोया होता। मैंने फिर गीता की तरफ देखा उसमें से आवाज आई–वो माली अज्ञानी है, ज्ञानी पराए धन का तिरस्कार करते हैं। इस तरह वो अज्ञानी माली आज करोड़ों का मालिक है। मैंने गीता को कई बार उलट-पलटकर देखा, शायद कहीं ये भी लिखा होगा कि ज्ञानी जन्म भर चप्पल फटकारते, सड़कों की धूल फाँकते हुए यातनाएँ झेलेंगे। और यह भी कि अज्ञानी ज्ञानियों से गधों की तरह काम करवाएँगे और मजा करेंगे। पर ऐसा कुछ नहीं था। प्रभु ने सोचा होगा कि जो बात स्पष्ट है, उसे लिखना क्यों?

इस तरह मेरे साथ के बहुत से लोग जिन्होंने सिर्फ और सिर्फ फल की इच्छा के अनुरूप कर्म किया और अज्ञानता की सीढ़ियाँ चढ़ते-चढ़ते विधायक, सांसद, मंत्री और जज बन गए हैं। यहाँ हर काम के लिए मुझे उन्हीं के चक्कर काटने पड़ते हैं। आज वे हमारे समाज के लिए नियम और कानून बनाते हैं। हालाँकि उनके नियम और कानून गीता भाव से

भिन्न नहीं हैं। वे कहते हैं कि बस कर्म करो, फल की इच्छा मत करो। हमें जिसे जो देना होगा, हम दे देंगे। और वे देते भी हैं, जिसे मन किया उसे कौड़ियों के भाव में राष्ट्रीय सम्पदा दे देते हैं। पर न जाने क्यों उनकी ये कृपा मुझ पर कभी नहीं होती है।

यहाँ हम जिन्हें देवतुल्य समझते हैं, जो जिन्दगी देने या लेने की शक्ति रखते हैं, वे इतने अज्ञानी कैसे हो सकते हैं? ये कैसे हो सकता है कि वे भी देवों के दिव्य ज्ञान को नहीं समझ पाएँ। अस्पताल में वे मरीज से फल पहले ही ले लेते हैं और कर्म बाद में करते हैं। जो मरीज फल देने में असमर्थ होता है, उसे भगवान भरोसे यानी आपके भरोसे छोड़ देते हैं। वैसे यहाँ मैं आपकी दरियादिली का कायल हूँ कि जिसे भी भगवान भरोसे छोड़ा जाता है, उसे आप अपने पास बुला लेते हैं। अपने भरोसेवालों को आप भी नहीं छोड़ते हैं।

प्रभु, आप तो अन्तर्यामी हैं। आप सभी जीवों के स्वामी हैं। आपकी आज्ञा से वेद लिखे गए और वैदिक आदेशानुसार आततायी छह प्रकार के होते हैं और उनका तुरन्त ही वध कर देना चाहिए क्योंकि इनके वध करने से पाप नहीं लगता। उन छह में एक-दूसरे की भूमि हड़पनेवाला भी शामिल है। ऐसे ही एक भूमि हड़पनेवाले को मैंने वैदिक आदेशानुसार मौत के घाट उतार दिया। और जज ने मुझे बीस साल कैदे बा-मशक्कत की सजा सुना दी। तब से मैं फरारी में भागता फिर रहा हूँ। ये कैसा न्याय है प्रभु! गीता में आपने कहा कि आत्मा अजर-अमर है और शरीर नश्वर फिर उसी गीता की कसम खिलाकर नश्वर शरीर को नष्ट करने की सजा कैसी?

प्रभु, कहीं ऐसा तो नहीं कि पिछले दो या तीन हजार सालों में आपने गीता का भूल सुधार के साथ, कोई नया संस्करण निकाल दिया हो और मैं उससे अनजान हूँ। गीता को यथारूप में ही पढ़, उसके अनुरूप चल रहा हूँ। और अगर ऐसा है तो गीता का नया संस्करण शीघ्रातिशीघ्र भेजने का कष्ट करें और अगर नया संस्करण नहीं निकला है तो हो न हो वृत्तान्त सुनाते समय संजय ने धृतराष्ट्र से झूठ बोला होगा, जो इस गीता में छप गया है क्योंकि मुझे पूरा विश्वास है कि भगवान झूठ नहीं बोल

सकते। संजय का धृतराष्ट्र से झूठ बोलना आजकल कोई नई बात नहीं है, किसी भी टी.वी. चैनल में आप देख सकते हैं बशर्ते कि आप स्वयं धृतराष्ट्र न हों।

पुनश्च : गीता के वाङ्मय स्वरूप को तो मैं जानता हूँ लेकिन ये अब भी रहस्य है कि गीता में गीता कौन थी, जिसकी शपथ अदालतों में दिलाई जाती रही थी ? अगर कसमों में जरा सा भी दम है तो वो गीता न जाने कब की मर चुकी होगी।

आँखों में समाई–नंगाई

एक तालाब था। उसमें सब नंगे नहा रहे थे। एक–दूसरे की पीठ पर साबुन मल–मलकर मजा कर रहे थे। आसपास से गुजरते लोगों से अनभिज्ञ अपनी ही क्रीड़ा में मस्त थे। देख के बड़ा विचित्र लगा, सरेआम भला कोई इस तरह की हरकत कैसे कर सकता है! तभी एक आदमी कपड़े पहनकर उस तालाब में कूदा। बस फिर क्या था, देखते ही देखते बाकियों ने उसके कपड़े फाड़ डाले। वो बेचारा बाहर निकलने को हुआ तो अब बिना कपड़ों के बाहर निकले कैसे? जैसे–तैसे हिम्मत कर बाहर आया, तो तालाब के अन्दर से लोग चिल्लाने लगे–अरे, पकड़ो–पकड़ो, ये नंगा घूम रहा है। आसपास के लोग उस पर हाथ साफ करने लगे पर तभी पुलिस ने उसे पकड़ लिया और जेल में डाल दिया।

बात कुछ गले नहीं उतरी। मैंने पास से गुजरते एक आदमी से पूछा कि ये माजरा क्या है? पुलिस इन तालाब के नंगों को क्यों नहीं पकड़ती है?

उसने कहा–उन लोगों को तालाब के अन्दर कुछ प्रीविलेज मिले हैं।

मैंने पूछा–नंगाई करने के लिए प्रीविलेज? इस तालाब में ऐसी क्या खासियत है कि इसके अन्दर घुसते ही नंगाई नंगाई नहीं रह जाती?

उसने कहा–जनाब, नंगाई तो हमें भी दिख रही है पर नियम बनानेवाले भी यही हैं और उसका पालन करवानेवाले भी ये ही हैं। हम कर ही क्या सकते हैं?

मैंने पूछा–मतलब?

उसने मुस्कुराते हुए कहा–जाहिर है कि तुम इस देश के नहीं हो।...कहाँ से आए हो?

मैंने कहा–हिन्दुस्तान।

वो हँसा और बोला–फिर तो समझाने में परेशानी नहीं होगी...समझो कि प्रीविलेज के मामले में वो तालाब काफी कुछ तुम्हारे संसद या विधानसभा की तरह है।

उसके बाद उसने जो कहा वो यहाँ लिखना ठीक न होगा। लेकिन तब से जब कभी भी संसद को देखता हूँ या किसी घोटाले के बारे में सुनता हूँ या संसद या विधानसभा में जनप्रतिनिधियों को कुत्ते-बिल्लियों की तरह झगड़ते देखता हूँ तो अनायास ही वो तालाब आँखों के सामने झूल जाता है। मुझे बड़ी मानसिक पीड़ा होती है। जाहिर है, ये दोष उस दृश्य का है या मेरी आँखों का, हमारे माननीय विधायक या माननीय सांसदों का नहीं।

मैं बड़ा परेशान रहा। अखबार पढ़ो तब, समाचार सुनो तब उस तालाब का दृश्य आँखों में उभर आता। मसलन–जब देश में चीनी की किल्लत थी तब संसद में चीनी निर्यात करने का प्रस्ताव पास होता देख मुझे लगता जैसे माननीय सांसद नंग-धड़ंग उछल-उछलकर खाद्य मंत्री की पीठ पर साबुन लगा रहे हैं। और कई दूसरे सांसद हाथ में साबुन लिये अपनी पीठ उस मंत्री के सामने किए हुए खड़े हैं। मानो कह रहे हों कि जब हम ऐसी हरकत करें तो हमारा खयाल रखना। या फिर जब किसी घोटालों के आरोपी मंत्री के बचाव में सांसद उसे महिमा मंडित कर रहे होते हैं तो ऐसा प्रतीत होता है कि वे उसके बालों में हिना लगा रहे हैं और कुछ तरह-तरह के क्रीम आदि से उसकी फेशियल की व्यवस्था में जुटे हों। या फिर कभी किसी माननीय विधायक के विधानसभा में बैठ अश्लील फिल्म देखने की बात आती है तब तो मत पूछिए न जाने मुझे उस तालाब के इतने गन्दे-गन्दे दृश्य दिखाई देने लगते हैं कि मैं व्याकुल हो उठता हूँ। मुझे अपने आपसे कोफ्त होने लगी कि अपने जनप्रतिनिधियों को देख मुझे ऐसा वाहियात दृश्य क्यों दिखाई देने लगता है?

मुझे उन सौन्दर्य रस के कवियों से बड़ी ईर्ष्या हुई जिन्हें होंठों में गुलाब या जवान लड़की की चाल देख झरना आदि नजर आते हैं। उन्हें सुन्दर-सुन्दर चीजें दिखाई पड़ती हैं और मुझे ये नंगों से भरा तालाब। फिर सोचा शायद मैं बीभत्स चीजें देखता हूँ इसलिए मुझे वाहियात दृश्य ही दिखते हैं। मैंने एक लड़की के चेहरे को ध्यान से देखा तो मुझे चन्द्रमा की जगह जली हुई रोटी नजर आई। बालों को करीब से देखा तो घटा की जगह जूँ नजर आई। फिर करीब से होंठों को देखना चाहा तो खींच के चाटा पड़ा। अभी तक गाल जल रहा है। हो न हो सौन्दर्य रस के कवियों के साथ भी यही हुआ होगा। गुलाब तक पहुँचने के लिए काँटों से गुजरना होता है शायद इसीलिए होंठों को गुलाब कहा। कारण चाहे जो भी हो बहरहाल मुझे तो गुलाब नहीं दिखा। हाँ, पर होंठों के पीछे रचे हुए पीले-पीले दाँतों ने मुझे सड़क किनारे की जनसुविधाओं की याद जरूर दिला दी जिसके रचे हुए कमोड अपनी दुर्गन्ध से ही अपने होने का अहसास दिला देते हैं।

अपनी आँखों की इस बीमारी का इलाज करवाने मैं डॉक्टर के पास पहुँचा। उससे कहा कि इन नंगों के तालाब से मुझे निजात दिलाएँ। कुछ ऐसा कर दें कि मेरी संसद फूलों का बगीचा दिखे और कवियों की तरह मुझे भी चन्द्रमा, घटा और गुलाब दिखे। डॉक्टर बहुत चिन्तित नजर आए। मैंने पूछा—क्या हुआ? उन्होंने कहा— कुछ नहीं, सोच रहा हूँ कि इलाज की जरूरत दिमाग को है या आँखों को। मैं समझ गया कि दिमाग की फीस ज्यादा होगी और आँख की कम, इसलिए डॉक्टर इस बीमारी को दिमाग की तरफ घसीटना चाहता है। ये तो सिर्फ भूमिका है। मैंने कहा—पिछले हफ्ते ही दिमाग चेक करवाया था, वो ठीक है। बोले—एक बार फिर चेक कर लेते हैं। मैंने कहा—ये मेरा दिमाग है सिनेमा हाल की पिक्चर नहीं जो हर हफ्ते नजर रखोगे। आया हुआ धन्धा यूँ ही बैरंग जाता देख डॉक्टर मुझे समझाने के हिसाब से बोले—दिमाग की बात इसलिए कह रहा हूँ क्योंकि आपको इतनी साधारण सी बात पर ऐसे बीभत्स दृश्य दिखाई देते हैं। ये एक मानसिक विकृति हो सकती है। मैंने पूछा—हमारे सांसदों और विधायकों का दागी होना साधारण बात है?

डॉक्टर ने गहरी साँस ली और कहा—देखो, हमारे जनप्रतिनिधि समाज का प्रतिनिधित्व करते हैं। अब समाज में अच्छाई और बुराई दोनों हैं इसलिए इन बेचारों को दोनों का प्रतिनिधित्व करना पड़ता है। जैसे अच्छाई का सर्टिफिकेट चाहिए होता है वैसे ही बुराई के लिए भी सर्टिफिकेट लगता है। ये नहीं कि मुँहअँधेरे गए और किसी का बलात्कार या हत्या कर आए। बाकायदा केस चलवाना पड़ता है। तब कहीं जाकर बुराई मानी जाती है। मुझे भी लगने लगा कि मैं वाकई कितना तुच्छ हूँ कि अपने जनप्रतिनिधि के अन्तर्द्वन्द्व और परिश्रम से कितना अनभिज्ञ रहा। सोचा कि उस जनप्रतिनिधि के, जिस पर बलात्कार या हत्या का केस दर्ज है, चरण धोकर पी जाऊँ तो शायद शान्ति मिले। दिन भर मुझे ऐसा प्रतीत होता रहा जैसे मैं हाथ में पानी से भरा लोटा लिये संसद के आसपास मँडरा रहा हूँ।

अगले ही दिन डॉक्टर का फोन आया। उसने कहा कि ये बीमारी बहुत खतरनाक है। ये एक संक्रामक रोग है। बोले—आज सुबह का अखबार पढ़ते वक्त मुझे भी वो दृश्य दिखने लगे। बात फैल गई। एक-दो दिन में ही मुझे एक खतरनाक संक्रामक रोगी घोषित कर सरकारी अस्पताल के एक कमरे में बन्द कर दिया गया। लोग मुझे खिड़की से झाँक-झाँककर देखने के लिए आने लगे। जैसे चड्ढी पहनकर कोई चिम्पाजी बैठा हो। मुझे अस्पताल का ये रवैया पसन्द नहीं आया। मेरे प्रतिशोध ने करवट ली और मैं बोल-बोलकर सबको वो दृश्य बताने लगा। सरकार ने मेरा मुँह टेप से बन्द करवा दिया। क्योंकि नेता जानते थे कि बोलना कितना आसान है और लिखना कितना मुश्किल। पर मेरी वो समस्या नहीं थी, मैं पढ़ा-लिखा था। और मैंने लिख-लिखकर लोगों को बताना शुरू कर दिया। और इस तरह मैं लेखक बन गया, शायद, लोग लेखक कुछ इसी तरह बनते हैं। फिर क्या था सरकार ने तुरन्त ही मेरी प्रदर्शनी बन्द करवा दी, कहा—एक बीमार आदमी की इस तरह प्रदर्शनी लगाना अमानवीय है। और मुझे अकेले कमरे में बन्द कर दिया, जैसे कमरे में अकेले बन्द करना ज्यादा मानवीय हो। कारावास के अँधेरों ने तो न जाने कैसे-कैसों को लेखक बनाया है फिर मैं तो कारावास की प्रेरणा

के बगैर भी लिख सकता था। फिर खयाल आया कि कारावास से संसद का रास्ता बहुत ही सुगम है। क्यों न सांसद ही बना जाए! पर फिर से नंगों से भरा तालाब दिखाई दिया और उस साफ-सुथरे कपड़ेवाले का हश्र भी। सोचा लेखक बनना ही बेहतर होगा। क्योंकि मुझे उस प्रीविलेज से ज्यादा अपनी इज्जत प्यारी है।

अकेले कमरे में मैं अक्सर सोचता हूँ कि जिन लेखकों को लड़कियों में चाँद या उनकी चाल में झरना या होंठों में गुलाब आदि नजर आते हैं उन्हें तो सरकार सम्मान से पुरस्कृत करती है और मुझे कोठरी में बन्द कर रखा है। ये कैसा पक्षपात है? आपको इस पक्षपात का कारण समझ में आए तो अवश्य बताइएगा। मैं समझूँगा कि मेरा प्रयास सफल रहा।

तो अंग्रेज़ क्या बुरे थे

जैसा कि विदित है कि लड़कियों को उठाने से पुलिस और पटाने से बाप लट्ठ लेके पीछे पड़ते हैं। ऐसी कोई सूरत ही नहीं है जहाँ जायज तौर पर लड़का-लड़की मिल सकें। तो जाहिर है, इसका कोई तोड़ तो निकालना ही था। हमारे महाग्रन्थों को इस मामले में चुप देख दूसरे देशों की तरफ ताका गया। फिर वैलेंटाइंस डे का आगमन हुआ। ये एक सन्त के ऊपर आधारित है। कहते हैं, उस सन्त ने दूसरों की शादी करवाने के लिए अपनी जान दे दी। मैं समझ नहीं पा रहा हूँ कि एक सन्त को दूसरे की बीवी में क्या दिलचस्पी हो सकती है? खैर, विदेशी सन्तों के बारे में कुछ कहना मुश्किल है, भारत में इसी को कहते हैं बेगानी शादी में अब्दुल्ला दीवाना। बहरहाल, ये तय हुआ कि वैलेंटाइंस डे के दिन लड़का-लड़की दोस्ती की आड़ में एक-दूसरे के करीब आ सकते हैं। जो लोग अब तक लट्ठ लेके दौड़ते थे, सन्त वैलेंटाइंस के आगे नतमस्तक हो गए। वाकई चीजों में दम अपने आप ही आ जाता है, बस चीज विदेशी होनी चाहिए। भारतीय जब आजाद हुए तो सबसे पहले विदेशी कार लाए, फिर शराब, फिर कपड़े, फिर अनाज, फिर बीवी, फिर संस्कार, फिर नेता, अब तो बस विदेशी सरकार ही बननी बाकी है। अगर विदेशी चीजों से इतना ही प्यार था तो अंग्रेज क्या बुरे थे?

बहरहाल, वैलेंटाइंस डे के दिन जब बाप और पुलिस से छुटकारा मिला तो कुछ और लोग इनके पीछे लटठ् लेके पड़ गए। और जगह-जगह इन युगल जोड़ों को दौड़ा-दौड़ा के पीटा जाने लगा। भारत में हर एक

हजार लड़कों में 71 लड़कियाँ कम हैं। मैंने गिने तो नहीं पर दौड़ानेवाले लड़के भी शायद 71 ही रहे हों। ये अच्छा इन्साफ है भ्रूण हत्याएँ कोई और करे और सड़कों पर दूसरों को यूँ दौड़ा-दौड़ा के दिल बहलाना पड़े किसी और को। पर इसमें सरकार भी क्या कर सकती है, ये लड़कियाँ हैं कोई स्कैम तो नहीं जो जब चाहे पैदा कर ले। हालाँकि जब किसी के घर लड़की पैदा होती है तो उसे स्कैम तुल्य दृष्टि से ही देखा जाता है। और घरवालों को लगता है कि उनके घर में सरेआम सेंध पड़ गई हो जिससे हुए नुकसान का ब्योरा उस लड़की के विवाह के दिन ही मिलेगा।

लड़कियों की संख्या बढ़ाने के लिए सरकार तमाम सरकारी योजनाओं के जरिए प्रोत्साहित कर रही है। इससे अनुमान लगता है कि सरकार लड़कियों को वाकई स्कैम ही समझती है क्योंकि सरकारी योजनाओं से लड़कियाँ नहीं स्कैम पैदा होते हैं। वैसे भी लड़की पैदा करना या न करना इनसान के बस की बात नहीं है। हालाँकि मनुस्मृति की मानें तो ये इनसान के बस में ही है। विस्तार से उल्लेख करना ठीक न होगा। पर मनुस्मृति की बाकी चीजों को मानने लगते तो पुरुष किसी न किसी दफा के अन्तर्गत न जाने कितनी दफा जेल के अन्दर-बाहर हो चुका होता। उसमें साफ-साफ लिखा है कि स्त्री स्वतंत्र रहने या छोड़ने के काबिल नहीं है। खैर, आखिरकार मनुस्मृति है तो स्मृति ही, उसमें भूल हो ही सकती है। ये तो अच्छा हुआ कि मनु की पत्नी, सतरूपा, को कुछ याद नहीं था, नहीं तो हो सकता है कि 'सतरूपा स्मृति' में पुरुषों की हालत भी कुछ ऐसी ही होती। वैसे देखा जाए तो वो शायद ज्यादा सही होता क्योंकि कायदे से तो पुरुष छुट्टा छोड़ने के कतई काबिल नहीं है।

बात शुरू हुई थी उस सन्त से, देखिए, कहाँ से कहाँ निकल गई! ऐसा ही कुछ होता है, देश के साथ। बनाने बैठते हैं देश का बजट और बना बैठते हैं अपने कमीशन का हिसाब। ये भूल मुझे नहीं करनी चहिए। मुझे तो कई बार शक होता है कि कभी कोई ऐसा सन्त था भी कि नहीं क्योंकि सन्त वैलेंटाइन के नाम से प्रचलित चीजें सन्तों से मेल नहीं खाती हैं। सन्तों को न तो शादी से लेना-देना है और न ही व्यापार से जो वैलेंटाइन डे के नाम पर होता है। और न ही उन तमाम बिन ब्याही माँओं

से जो वैलेंटाइन नाइट की भेंट चढ़ती हैं। भले ही इसे कहते डे हैं, पर खेल शुरू होता है नाइट में। क्या करें, पृथ्वी का आकार ही कुछ ऐसा है। जब रोम में डे होता है तब सन्त की आत्मा अपनी कब्र से बाहर आती है। पर तब तक यहाँ रात हो गई होती है। जरा सोचिए, जिस सन्त ने दूसरों की बीवी के लिए अपनी जान तक दे दी, उसकी आत्मा इन मासूम बच्चियों से क्या-क्या न करवाती होगी!

भारतवर्ष में न जाने कितने सन्त आए और गए पर आज तक किसी ने दुर्वासा डे, भरद्वाज डे, अगस्त्य डे, वाल्मीकि डे, विश्वामित्र डे आदि कभी नहीं मनाया। हमारे मुनियों ने भी बलिदान दिए हैं। पर उनकी मौत पर 'मेड इन इंडिया' का ठप्पा लगा था। यहीं भारत मार खा जाता है। अब तो ऐसा प्रतीत होता है कि हमारे मुनियों का जीवन यूँ ही व्यर्थ जाया हुआ। उनकी इतनी भी औकात नहीं हुई कि अपने नाम पर एक डे बिठा सकें। ये विकसित देशों की साजिश लगती है कि हमारे इतने सारे मुनियों को मिलाकर वे डे को छोड़िए, एक घंटा भी न दे सके। हम विश्वामित्र घंटा या दुर्वासा घंटा या वाल्मीकि घंटा मनाकर ही खुश हो लेते। उन्होंने नहीं बनाया न सही, पर कम से कम हम भारतीयों को तो इन मुनियों के डे मनाने चाहिए थे। अभी हाल में महँगाई बढ़ी। हर तरफ त्राहि मचने लगी पर मैं खुश था, क्योंकि दाल के भाव भी बढ़ रहे थे। मुझे बहुत आशा थी अब शायद हमारे मुनियों को भी कोई मुर्गी समझेगा। पर अफसोस घर की मुर्गी दाल बराबर ही रही। चलो कोई बात नहीं, फिलहाल के लिए एक अगस्त को मनाए जानेवाले 'वर्ल्ड फ्रेंडशिप डे' को ही हम विश्वामित्र डे समझ लेते हैं। वो अंग्रेजी में मनाएँ और हम हिन्दी में।

अब सवाल ये है कि जब हम अपने मुनियों का डे नहीं मनाते हैं, तो फिर वैलेंटाइन डे क्यों? हुआ कुछ ऐसा कि जब हम आजाद हुए तो सब सोच में पड़ गए कि अब किधर जाएँ? बहुत सोचे। कभी रूस, कभी अमेरिका और कभी यूँ ही बस टहलते रहे।

बहुत कष्ट हुआ। सोचने के लिए कष्ट तो करना पड़ता है। करीब चालीस साल भटकने के बाद ये सोचा गया कि ये रोज-रोज के सोचने के झंझट से बचें और आँख में पट्टी बाँध पश्चिमी देशों की राह पर

चलें। तब आँख में पट्टी खुद बाँधनी पड़ती थी, पर अब माँ-बाप बच्चों की आँखों पर बाँध देते हैं। बड़ी सुविधा हो गई है। अब सोचने का कोई काम ही नहीं है, सारा दारोमदार करने पर है। इसलिए लोग बस किए जाते हैं।

हमारे मुनियों ने जीवन की वो राह दिखाने का प्रयत्न किया जिसमें कुंठा, हतोत्साह जैसे शब्दों का जन्म ही न हो। वो एक जीवन शैली है। उसे एक डे में बाँधकर नहीं रखा जा सकता है। इसलिए उनके नाम पर कोई डे हो ही नहीं सकता। हर दिन, हर रात मुनियों-सा आचरण भी हमें उनके समकक्ष नहीं खड़ा कर सकता है। हमारे मुनियों की सिर्फ शताब्दी ही मनाई जा सकती है, और मनाई जानी चाहिए भी, पर ये हम देख नहीं सकते, क्योंकि आँखों में पट्टी जो बँधी है।

महिमा हॉफ पैंट की

आपने कम्यूनिज्म और कैपिटलिज्म जैसे शब्दों को अपने इर्द-गिर्द हवा से सिर मारते देखा होगा। एकदम मदहोश और बदहवास। न जाने बेवजह क्या सूँघते रहते हैं इस देश में। कम्यूनिस्टों के पास न बाँटने को कुछ है, और कैपिटलिस्टों के पास चूसने को। यहाँ सत्तर प्रतिशत लोग अपना सत्तर प्रतिशत समय खाना खोजने में और बाकी उसे पचाने में निकाल देते हैं। खाकर, जो थोड़ा-बहुत खून बनता है, उसे अस्पताल में बेच आते हैं। जो जूठन बचती है उसे मच्छर चूस जाते हैं। आप ही सोचिए, भला कैपिटलिस्टों के चूसने को क्या बचा? आखिर चूसे हुए आम को कोई कितना चूस सकता है। कुछ भले लोगों ने जब गरीब जनता को कम्यूनिज्म और कैपिटलिज्म का फर्क समझाया तो वो तुरन्त समझ गए कि मच्छर कैपिटलिस्ट हैं और बीमारियाँ कम्यूनिस्ट। क्योंकि बीमारी ही एक ऐसी चीज है, जो समभाव से न जात-पाँत देखती है और न ही अमीरी-गरीबी। बेचारी चुपचाप जो लपेटे में आता है उसे लपेटते चलती है। वैसे ये लपेटनेवाली बात कम्यूनिस्टों से काफी मेल खाती है। कम्यूनिस्ट लपेटने में माहिर होते हैं और ये संक्रामक भी हैं। गरीब के लिए तो मच्छर और बीमारी दोनों ही जानलेवा हैं। जैसे एक राज्य में पिछले कई दशकों से कम्यूनिस्टों का राज है, पर वहाँ की गरीब जनता उतनी ही बदहाल है।

देखने में आया है कि कॉलेज में जब तक आदमी अपने माँ-बाप के पैसों पर पलता है तब तक कम्यूनिस्ट बना रहता है, पर एक न एक दिन तो खुद अपने पैरों पर खड़ा होना ही पड़ता है और जैसे ही खुद कमाना

शुरू करता है, कैपिटलिस्ट बन जाता है। पैसे से और पैसा कमाने की सोचता है। पर कुछ लोग बहुत भाग्यशाली होते हैं जिन्हें बड़े होकर भी कम्यूनिस्ट बने रहने का सौभाग्य प्राप्त होता है। किसी न किसी की गोद में जा बैठते हैं, कोई आदमी न मिला तो दूसरे देशों तक की गोद में भी जा ठसकते हैं। एक साहब ने अच्छी कही, बोले–जैसे बच्चा शुरू में हॉफ पैंट पहनता है और जैसे-जैसे बड़ा होता है तो फुल पैंट पहनने लगता है वैसे ही बड़े होते-होते आदमी कम्यूनिस्ट से कैपिटलिस्ट बन जाता है। कम्यूनिज्म बस हॉफ पैंट तक ही सीमित रहती है। इन साहब की मानें तो कम्यूनिस्ट वो हुए जो बड़े न हो पाए या वो जो अभी भी परोक्ष रूप से हॉफ पैंट पहनते हैं। मुझे तो ये बात सही लगती है और ये भी समझ में आ गया कि जन्म-जन्मान्तर से आर.एस.एस. और कम्यूनिस्टों में कट्टर दुश्मनी क्यों है, असल में ये हॉफ पैंट की लड़ाई है। पहले किसने किसकी हॉफ पैंट छीनी ये कहना मुश्किल है।

इसका मतलब ये हुआ कि हो या न हो पश्चिम बंगाल के कम्यूनिस्ट, धोती के नीचे हॉफ पैंट पहनते हैं, बस उसका रंग देखना बाकी है, कहीं वो खाकी तो नहीं। बहरहाल, कम्यूनिस्टों की धोती के भीतर झाँककर रंग देखने कि हिम्मत मुझमें नहीं है। ये चांस मैं नहीं ले सकता। पर इस बारे में कई अटकलें लगाई जाती हैं। एक बार यूँ ही चर्चा के दौरान, वैसे उस समय हिन्दुस्तान में कांग्रेस की सरकार थी, मैंने पूछा कि हिन्दुस्तान में अमेरिका के झंडे से बने हॉफ पैंट तो अक्सर देखे जा सकते हैं, पर चीन के झंडे का हॉफ पैंट दिखाई नहीं देता। इस पर एक सज्जन ने कहा–साहब, दिखेगा कैसे! धोती के भीतर जो होता है। हालाँकि मैं इस बात से सहमत नहीं हूँ, पर इस बात में दम तो है क्योंकि जब भारत की अमेरिका के साथ 'न्यूक्लियर डील' हो रही थी तब चीन की देखा-देखी कम्यूनिस्टों की धोती के अन्दर कोई चीज बहुत जोर मार रहा था, हो न हो वो हॉफ पैंट ही रही होगी। अन्त में बेचारी धोती को झुकना पड़ा। वाकई हमारी हिन्दुस्तानी धोती का दुश्मन कोई बाहरी नहीं, अन्दर छुपी हुई अलग-अलग रंगों की हॉफ पैंट ही है। वैसे देखा जाए तो धोती और हॉफ पैंट की कभी पटी ही नहीं, गांधी जी बिना हॉफ पैंट के धोती पहना करते

थे और गोडसे सिर्फ हॉफ पैंट। इमरजेंसी के दौरान भी कुछ ऐसा ही हुआ, कहर ढाया जय प्रकाश नारायण की धोती ने और सरकार पीछे पड़ गई हॉफ पैंट के।

आजकल हॉफ पैंट फैशन में है, यहाँ तक कि अब तो कई देश भी हॉफ पैंट पहनने लगे हैं। खाड़ी युद्ध के दौरान अमेरिका की हॉफ पैंट नजर आई थी, वो पेट्रोल की बनी थी। हॉफ पैंट कई प्रकार के होते हैं। कार्पोरेट हॉफ पैंट जो मुनाफे की बनी होती है जिसे फुल पैंट के भीतर पहना जाता है। साम्प्रदायिकता का हॉफ पैंट, ये अपने आपमें फुल पैंट के बराबर होती है। गुजराती हॉफ पैंट की तो बात ही अलग है, गोधरा कांड के बाद, वहाँ तो धोती को ही लोग हॉफ पैंट की तरह पहनने लगे। और धोती का स्वरूप ही बदल दिया।

हॉफ पैंट और धोती के रंगों से भी चमत्कार उत्पन्न होते हैं। एक विशेष रंग के हॉफ पैंट के ऊपर भगवा वस्त्र धारण करने से विध्वंसक प्रवृत्तियाँ जन्म लेती हैं जिसका हरजाना बाबरी मस्जिद को भुगतना पड़ा। हरे हॉफ पैंट के ऊपर कुछ भी पहन लो वो हरा ही नजर आता है। हमारा पड़ोसी देश हरे के ऊपर बहुत-कुछ पहन के देख चुका है यहाँ तक कि अमेरिका का झंडा भी, पर कोई फायदा नहीं। आजकल सुनने में आया है कि वो उसके अनेक प्रयोगों की शृंखला में एक और आयाम जोड़ रहा है। हरे हॉफ पैंट के ऊपर लाल शेरवानी पहनने के लिए टेलर मास्टर के चक्कर काट रहा है। पर उससे भी कुछ नहीं होगा क्योंकि लाल हॉफ पैंट के ऊपर कुछ भी पहन लो वो कुछ न पहनने के बराबर है। चीन का तियानमेन स्केवयर इस बात का गवाह है।

धोती और हॉफ पैंट की ठनाठनी में, मेरा भारत निर्वस्त्र हो एक कोने में पड़ा है क्योंकि हॉफ पैंट खुद टिक नहीं पाया और धोती को टिकने नहीं दिया। बेचारा भारत दूसरे देशों के झंडों की आड़ में छिपकर अपना स्वाभिमान बचाने की कोशिश कर रहा है।

हिफाजत के नाम पर...

पुलिस नामक जीव के नाम से ही एक अजीब सी खटास जीभ पर आ जाती है। पुलिस थाने की तो बात ही निराली है। हर अन्दाज, हर तफतीश, हर हर्फ से ऐसा प्रतीत होता है जैसे किसी ने सैकड़ों तिलचटट् मारकर उनके रस को माथे पर रगड़ दिया हो। वैसे तो मैं एक आम आदमी हूँ, पर न जाने क्यों एक दिन थानेदार ने बुलावा भेज दिया। मैं बहुत नर्वस महसूस कर रहा था। जैसे पुराने जमाने में कोई कुँआरी कन्या शादी से पहले महसूस किया करती थी, अब की लड़कियाँ तो लड़कों को ही नर्वस कर देती हैं। मैंने सुना था कि पुलिसवाले थाने में बुलाकर कोई भी जुर्म कबूल करवाकर, जेल में डालने में माहिर हैं। इसलिए वहाँ जाने से पहले दूसरे लोगों को खबर देना भी जरूरी था, पर अब समस्या थी कि आखिर लोगों से कहें तो क्या कहें, कि थानेदार ने मुझे थाने में बुलवाया है...न जाने वे क्या सोचें...वैसे भी हाल में ही हुए एक नाबालिक के अपहरण का केस चर्चा में था। पर बताना भी जरूरी था, जैसे-तैसे अड़ोस-पड़ोस के लोगों को खबर देकर मैं थाने पहुँचा। जैसे ही मैं थाने के परिसर में दाखिल हुआ, मुझे लगा कि किसी ने लपककर मेरी पैंट और शर्ट उतार ली हो और मैं अंडरवियर और बनियान पहने दनदनाता हुआ चला आ रहा हूँ। अन्दर मामला किसी युवती के बलात्कार का चल रहा था, थानेदार बड़े रोब से जमीन पर पड़े डरे-सहमे आदमी को समझाने की कोशिश कर रहा था कि रेप उसी ने किया है। माहौल देखकर मुझे भी ऐसा लगा कि शायद बात काफी पुरानी हो गई होगी इसलिए बेचारा रेप करके भूल गया

है और थानेदार उसे याद दिलाने की कोशिश कर रहा है। वो आदमी दबे स्वर में विनती कर रहा था कि वो रेप कर ही नहीं सकता है, वो इसके काबिल ही नहीं है। वह अपनी उस असमर्थता पर अफसोस जाहिर कर रहा था, पर थानेदार गरजकर बोला–उसकी चिन्ता तुम मत करो, ये थाना है यहाँ आकर सभी नाकाबिल काबिल बन जाते हैं। छुट्टन मियाँ नेता बनने के काबिल थे क्या?...छोटी-मोटी चोरियों के जुर्म में दस बार थाने आए और नेता बन गए...और वो कल्लू की बहू...अच्छी-खासी घरेलू औरत थी, हमने कई बार थाने क्या बुलाया अब देखो...उसका जलवा ही अलग है। सारा मुहल्ला उसकी बदौलत जवान हो रहा है।...धीरे-धीरे थानेदार की हरकतें क्रूर और जुबान अश्लील होती गई। मुझे लगा कि थानों में वाकई चामत्कारिक शक्ति है। थानेदार ठीक कह रहा था, कल्लू और छुट्टन मियाँ का तो मालूम नहीं पर ये थानेदार थानेदार बनने के काबिल कतई नहीं था पर फिर भी थानेदार बन गया। उधर थानेदार उस नाकाबिल को काबिल बना रहा था इधर मैं सर्दी के मौसम में भी पसीने से तर-बतर हलाक होने का इन्तजार कर रहा था।

कमरे के एक कोने में बन्दूकों के नाम पर अंग्रेजों के जमाने की बन्दूकें एक मजाक की शक्ल में ऐसे लाइन से रखी हुई थीं जैसे कोई 'लाफ्टर चैलेंज' हो रहा हो, सब एक से बढ़कर एक। दूर कोने में एक सिपाही, चर्बी से लबालब लदे पंचर ट्रक की भाँति बैठा हुआ अपनी थ्री नॉट थ्री बन्दूक का हौसला बढ़ा रहा था। वो बन्दूक के हत्थे को तेल पिलाकर उसे अहसास दिला रहा था कि उसमें से गोली नहीं भी चली तो कोई बात नहीं, हत्था जिन्दाबाद, और वैसे भी गोली चलाने के साथ बहुत सारे टंटे थे। पहले तो परमीशन है कि नहीं, अगर है तो ट्रिगर दबाने के बाद भी उस समय तक संशय की स्थिति बनी रहती थी जब तक उसमें से गोली निकल न जाए, और ये क्षण गोली खानेवाले और चलानेवाले दोनों के लिए, वाकई बहुत कष्टदायी होते हैं। दोनों बस शून्य में स्तब्ध, गोली के मूड का इन्तजार करते रहते हैं। ये मानसिक प्रताड़ना सिर्फ अंग्रेजों के जमाने की बहुआयामी बन्दूकों की खासियत रही है। वे गोली से कम और सोच से ज्यादा मारा करते थे। और अगर गोली निकल गई तो फिर

समस्या सही निशाने की थी, सिपाही का अनुभव था कि अक्सर इतनी देर में सामनेवाला लात-घूँसे या थप्पड़ मारकर चलता बनता था। इसलिए सिपाही मार खाने से बचने के लिए बन्दूक के हत्थे का इस्तेमाल ज्यादा कारगर समझता था, इधर पड़ा और उधर आदमी ढेर, कोई टंटा ही नहीं।

सिपाही का मानना था कि पुलिस को हत्थे का और मिलिटरी को ही गोलियों का प्रयोग करना चाहिए, क्योंकि चाहे वो सीमा हो या कोई आन्तरिक मामला वे इतनी गोलियाँ वैसे ही चलाते रहते हैं कि किसी बन्दूक ने फायर किया या नहीं, कोई फर्क नहीं पड़ता है। और फिर वहाँ न तो गोलियों का हिसाब देना पड़ता है और न ही निशाने की कोई झंझट, जिसे गोली लगी उसे ही आतंकवादी मान लिया जाता है। बल्कि सेना में तो गोली नहीं चलाने का हिसाब देना पड़ता है। पर पुलिस का काम इतना आसान नहीं है, उसे पहले आदमी को आतंकवादी बनाना पड़ता है, उसके बाद उसे गोली मारी जा सकती है। आजकल आतंकवादी बनाना थोड़ा आसान हो गया है। पहले किसी शरीफ आदमी को शक की बिना पर थाने में पीटना पड़ता था, या फिर उसकी बहू-बेटियों के साथ दुष्कर्म करना पड़ता था। तब जाकर वो आतंकवादी संगठनों की खोज में निकलता था, जो कि अक्सर विदेशों में पाए जाते थे। कोई खोज पाता कोई नहीं, वो एक तरह से इम्पोर्ट-एक्सपोर्ट के धन्धे जैसा था। पर आजकल ऐसे आतंकवादियों की पैदावार और खपत नक्सल की शक्ल में हमारे देश में ही हो जाया करती है। पर साथ ही एक दिक्कत और हो रही है, जहाँ एक तरफ नक्सल बनना आसान हुआ है वहीं दूसरी तरफ अँगूठा-छाप और उठाईगिरे नेताओं को बर्दाश्त करते-करते लोगों को अब बर्दाश्त करने की आदत सी हो गई है, इसलिए कोई जल्दी आतंकवादी नहीं बन पाता है। इस तरह हमारा आज का समाज बर्दाश्त और अन्याय के नाजुक सन्तुलन पर कायम है।

बहरहाल, मुझे अभी अपना सन्तुलन बनाए रखने की जरूरत थी। वैसे भी हमारे प्रजातंत्र में सन्तुलन बनाए रखने की जिम्मेदारी एक आम आदमी की ही है। न्याय की देवी ने अपने आँखों में पट्टी बाँधकर छुट्टी पाई, गांधी जी ने बुरा मत सुनो, देखो और बोलो कहकर छुट्टी पाई, पर

आम आदमी कैसे छुट्टी पाए? शायद सन्तुलन बनाकर।

थानेदार अपनी कुर्सी पर बैठा था। उस कुर्सी को भी अहसास था कि उस पर कौन बैठा है, खुद जीर्ण-शीर्ण होते हुए भी, किसी तरह चरमराते हुए, वो एक आम आदमी की तरह, प्रशासन का बोझा लिये अपना सन्तुलन बनाए हुए था। थानेदार के ठीक पीछे दीवार पर महात्मा गांधी की फोटो टँगी थी, उनकी नजर थानेदार पर नहीं, दूर कहीं क्षितिज पर टिकी थी, शायद कुछ सोच रहे थे, आखिर बुद्धिजीवी जो ठहरे! थानेदार इसका भरपूर फायदा उठा रहा था, तभी किसी रसूख वाले ने आकर हरे-हरे पाँच-पाँच सौ के कई नोट थमाए और उस जमीन पर पड़े आदमी को साथ लेकर चलता बना। उसकी टेबल पर गांधी जी के फोटो वाले तमाम नोटों को देख ऐसा लगा जैसे दीवार का गांधी कई टुकड़ों में बँटकर थानेदार की टेबल पर बिखरा पड़ा है। थानेदार का चेहरा परिपूर्णता के भाव से ओत-प्रोत हो गौतम बुद्ध के शान्त चेहरे में परिवर्तित हो चुका था। वो कभी मन्द-मन्द मुस्कुराता तो कभी उन हरे-हरे नोटों को देखता रहा। आखिर उसकी इतनी देर की जद्दोजहद काम जो आ गई थी।

अब मेरी बारी थी, साथ में न कोई रसूख और न ही गांधी जी के फोटो वाले 'हरे-हरे पास'। अगर मुझे कोई बचा सकता था तो वो था थानेदार का गौतमी शान्त चेहरा। मैंने हिम्मत कर अपना परिचय दिया। उसने पूछा–'तो?' मैंने कहा आपने मुझे बुलाया है। उसने नोटों से नजर हटा के मुझे देखा और पूछा–'क्यों?' मैं असमंजस में पड़ गया। भला इस बात का कोई क्या जवाब दे?...थानेदार सोच में पड़ गया। एक मास्टर से भला उसका क्या वास्ता हो सकता है? कॉलेज में जब नकल करने के लिए इनकी जरूरत थी तब भी उसने किसी मास्टर से कुछ नहीं माँगा, नकल की तो अपनी दिलेरी से की। उसने पूछा–आपका कोई कोर्ट केस चल रहा है?

मैंने कहा–नहीं।

किसी छात्रा के बलात्कार, अगवा आदि का कोई प्रकरण?

मैंने कहा–नहीं।

...तलाक?

...नहीं।

वो बेहूदे प्रश्न पूछता गया और मेरा जवाब सिर्फ 'नहीं' ही रहा। तंग आकर उसने पूछा–कुछ पैसे लाए हो? मैंने पूछा–क्यों?

यहाँ जमा कर दो...इसे अपनी जमानत समझो और जाओ...जब याद आएगा तो बुलाएँगे। मेरी असमंजस को समझ उसने कहा–देखो, अब तुम्हें बुलाया है तो कोई बात तो होगी ही...और कोई बात है तो वो मसला तो पैसे से ही सुलझेगा, तो अभी जमा कर दो, बाद में जैसा मसला होगा उसी हिसाब से तय कर लेंगे। मैंने कहा कि मेरा ऐसा कोई मसला नहीं है। इस पर थानेदार कड़ककर बोला–तो ठीक है, इसे अभी हवालात में बन्द कर दो जब याद आएगा तब निपटेंगे। मैंने विरोध करते हुए कहा–साहब मैं कोर्ट जाऊँगा, ये तो सरासर अन्याय है। वो बोला–मुझे तो शायद बीस दिन में याद आ जाए कि मसला क्या है, पर कोर्ट तो लोगों को बीस-बीस साल तक जेल में रखने के बाद भी सोचती रहती है कि ये दोषी है कि नहीं...अब जैसी तुम्हारी इच्छा!...बन्द करो इसको।

मैंने तपाक से अपनी जेब में हाथ डाला और तीन हजार रुपए उसे दे दिए। पर मुझसे पूछे बिना रहा नहीं गया, अगर मेरा कोई किस्सा ही न हो तो इन पैसों का क्या होगा, क्या आप वापस करेंगे? थानेदार सहज भाव से बोला–वापस तो नहीं होंगे, पर तीन हजार रुपए में अब तुम किसी छात्रा को जोर से पकड़कर उसका चुम्बन ले सकते हो...मगर याद रहे, अगर पूरा बलात्कार ही कर दिया तो सात हजार और देने पड़ेंगे। इतने में एक सिपाही बोला–साहब, थोड़ा कम करो, आजकल जमाना बदल गया है, पाँच हजार इन्होंने सीधा छात्रा को दे दिए तो वो सब कुछ करने को तैयार हो जाएगी, आपके पास कौन आएगा? थानेदार बोला–बेवकूफ, ये सरकारी रेट है, असल से सौ प्रतिशत ज्यादा।

और मैं फलक का बादशाह

आज एक पर्व था। और अनायास ही मुझे लगा कि पूजा करना चाहिए। मैं भी चकित हुआ। यह जरूर कोई दैवी प्रेरणा है, जो आज पूजा करने को प्रेरित कर रही है। शायद भगवान मुझसे खुश होकर मुझे कुछ देना चाहते हों। मैंने आव देखा न ताव और सीधे नहाने घुसा। पर बार-बार मुझे खयाल आ रहा था कि आखिर वो क्या चीज है जो परवरदिगार मुझे देना चाहते हैं। हो सकता है, एक-दो सौ रुपए का जुगाड़ होनेवाला हो, कोई मुझे आके कहेगा—महोदय, मैं चड्ढी-बनियान बनाता हूँ इश्तिहार के लिए कुछ पंक्तियाँ लिख दें। मैंने भी सोचा—आने दो साले को पैसे की जगह एक चड्ढी-बनियान ही माँग लूँगा। जिनके इश्तिहार आते हैं, वो चड्ढी-बनियान मैंने कभी पहनी ही नहीं थी। अच्छा मौका था। फिर सोचा—परवरदिगार क्या सोचेंगे कि मैंने इसे साक्षात् दर्शन दिए और इसने माँगा भी तो चड्ढी-बनियान। पर एक लेखक के लिए उसकी इज्जत से बढ़कर और हो ही क्या सकता है। पैंट-शर्ट माँगूँ तो शायद न दे। वो महँगी जो है। सोचा कि चड्ढी-बनियान ही ठीक रहेगा। फिर खयाल आया कि चड्ढी-बनियान तो फटी हुई भी चल जाती है, क्या पता बड़े-बड़े लोग भी फटी हुई चड्ढी पहनते हों। फिर नया ले के क्या फायदा! दूसरी सबसे प्रिय चीज यानी पड़ोसी के कुत्ते की मौत माँगता हूँ जो हरदम मुझे देख भौंकता है। और पड़ोसी कहता है कि आपको देख ये वाहवाही भरता है। वैसे जब से टी.वी. पत्रकारिता शुरू हुई है तब से भौंकने और वाहवाही में ज्यादा फर्क नहीं रह गया है। पर फिर ये भी ठीक नहीं लगा। अपने सुकून

के लिए दूसरे की मौत माँगना गलत है, आखिर उस कुत्ते और मुझमें कोई फर्क तो होना चाहिए। तीसरी प्रिय चीज कि किसी दूसरे लेखक की ऐसी-तैसी करवाऊँ पर वो भी साथ ही खारिज हो गई क्योंकि मैंने अभी-अभी तय किया था कि कुत्ते और मुझमें फर्क होना चाहिए। चौथे पायदान पे इतनी सारी चीजें थीं कि माँगना मुश्किल था, मसलन-कपड़े धोने और नहाने का साबुन, पैसा, ख्याति, रसूख, पोंछा लगाने का कपड़ा, मच्छरदानी, टूथ ब्रश इत्यादि।

बहरहाल बात चड्ढी-बनियान पे तय हुई। और मैंने अपनी फटी चड्ढी खिड़की के बाहर फेंक दी। इधर-उधर से बड़ी श्रद्धा के साथ कुछ फूल और दूबी परवरदिगार के श्रीचरणों पर समर्पित करने के लिए जुगाड़ कर मैं कमरे के एक कोने पर जा बैठा। सामने इतनी जगह जरूर छोड़ी थी जिसमें परवरदिगार आके बैठ सकें। परवरदिगार को थोड़ी और जगह देनी चाही पर पीछे वाली दीवार ने रोक दिया। मुझे समझ में आया कि लोग दूसरों को पर्याप्त जगह क्यों नहीं दे पाते हैं। उनकी खुद की मजबूरियाँ आड़े आ जाती हैं। मैंने आँखें बन्द कीं। अपना ध्यान पीपल के पेड़ के नीचे रखे पत्थर पर केन्द्रित किया। कुछ देर शून्य में भटकता रहा फिर यकायक ही बोलने लगा।

इस इनसानी कफस यानी तेरी दी हुई खैरात से मेरा आखिरी सलाम स्वीकार कर। हमने यहाँ तेरे तिलिस्म की परवरिश की, कभी खुद से झूठ बोला, तो कभी दूसरों से, पर तेरे तिलिस्म पे आँच नहीं आने दी। अपनी हर नाउम्मीदी को बदकिस्मती का नाम दे तुझे बचाया। तेरी बेबसी या उद्दंडता को हर कीमत अदा कर छुपाया। खुद सड़कों पे रातें गुजारीं पर तुझे रहने को आलीशान महल दिए। किसी ने तेरी गुस्ताखी में एक लफ्ज भी कहा तो हमने उसे मौत की नींद सुला दिया।

मासूमों पे जुल्म होते रहे और तू फलक का ताज पहने बैठा देखता रहा। न जाने कितनी बार कितने लोगों ने तुझसे मदद की गुहार लगाई पर तेरे कानों में जूँ तक नहीं रेंगी। तुझे पता है, जब कोई सहारा नहीं होता है तब हम बेबस हो तुझे निहारते हैं और एक तू है कि बस। जब तुझे कुछ करना ही नहीं था तो अपनी दरियादिली और साहस के इतने मोटे-मोटे

पुराण लिखवा हममें आशा क्यों जगाई! या तुझे लोगों की आस्था के साथ खिलवाड़ करने में मजा आता है! किसी के विश्वास के साथ धोखा कर तमाशा देखना बड़प्पन नहीं है। हमारा मजाक बनाने का इतना ही शौक है तो सरेआम बना, मूर्तियों या पत्थरों की आड़ में छिपकर नहीं।

अपने इनसान भाइयों पे भरोसा न कर सारी आस्था तुझ पे न्योछावर की और बदले में तूने हमारे हाथों ही, हमारे भाइयों का कत्ल करवा दिया। क्या यही है तेरी दरियादिली जिसके किस्सों से तूने पूरी कायनात रँग डाली है! छुप के वार करना तो तेरे स्वभाव में है, ये तो पुराणों से भी स्पष्ट जाहिर होता है पर वक्त जैसी निर्मल और शान्त शै को भी अपने अंकुश में कर तू अपना हथियार बनाएगा, ये सोचा न था। आज वो इनसान जो तुझे पूजता है, तूने उसे ही वक्त के जरिए विवश कर दिया।

अरे, क्या-क्या नहीं किया हमने तेरी प्रतिष्ठा, सम्मान और ऐश्वर्य को बचाए रखने के लिए। न जाने कितने सोमवार, मंगलवार, गुरुवार आदि के व्रत रखे, यहाँ तक कि पूर्णिमा और अमावस्या तक को नहीं छोड़ा। फिर होली, दिवाली की तो बात ही अलग है! हमारे हफ्ते में सिर्फ सात दिन थे और वे सारे के सारे हमने तुझे दिए। हर दिन अपना काम छोड़कर तेरी पूजा की। अरे, कई-कई बार तो दिन में पाँच बार की। यहाँ तक कि हमने शादी में भी तुझे ही साक्षी बनाया। नया घर बनवाया तो तेरे नाम से ही श्रीगणेश किया। तुझे अपने घर के अन्दर पूरे सम्मान के साथ रखा। किसान मेहनत कर अन्न उपजाता है और पहली फसल तुझे ही भेंट चढ़ाता है और तूने उसे ही निर्दयी साहूकारों के चंगुल में फँसा दाने-दाने को मोहताज कर दिया। उसे आत्महत्या करते देख तुझे मजा तो जरूर आया होगा! अच्छा सिला दिया तूने उसे उसकी आस्था का! और क्या-क्या देखने में ज्यादा मजा आता है तुझे, नाबालिक बच्चियों के बलात्कार में या भूख से तड़पते बच्चों को सड़क पर भीख माँगते देखने में, या फिर अपाहिज-लाचारों को किसी तरह दो जून की रोटी जुगाड़ते देखने में, बता कौन सा तमाशा देखने में तुझे सुकून मिलता है! या हर दिन एक नया खेल चाहिए तुझे। बस परवरदिगार, अब बहुत हुआ, तेरे इन चोचलों को हम अब और नहीं उठा सकते हैं। अब भी तुझमें अगर जरा सी भी गैरत बाकी

है तो समेट अपनी दुकान और कहीं और जा। कृपा करके हमें अपने हाल पे छोड़ दे। तेरे झूठे आश्वासनों की ढाल न होगी तो तमीज से कम से कम हम लड़ तो सकेंगे। तेरे वैभव को बनाए रखने में समय नष्ट न कर कुछ काम तो करेंगे। और तेरी खैरात की आस में सारा जीवन यूँ ही न गुजरेगा।

अगर धरती पे ये सब तू नहीं करवा रहा है, फिर भी ये हो रहा है तब तो जाहिर है कि निकल चुकी है ये दुनिया तेरे हाथों से। ये तेरी लापरवाही है या बेबसी, ये बात तेरे लिए अहम हो सकती है मेरे लिए तो दोनों ही एक समान हैं। तू हार चुका है अपनी ही निर्मिति से। तू भी इस मायावी दुनिया में मात्र एक प्यादा बन के रह गया है। खुद अपने अस्तित्व के लिए बड़े लोगों के इर्द-गिर्द मँडराता है। इस चटुवागिरी के बदले में वे तेरा मन्दिर बनवा देते हैं और तू खुश हो जाता है। वाकई कितना निरीह हो गया है तू। हे परवरदिगार, जाग और अपने आपको पहचान, अपनी शक्ति का आह्वान कर और मिटा दे इन पापियों का नामोनिशान इस धरती से। अगर अब भी तुझे कोई फर्क नहीं पड़ा तो मेरी जिन्दगी से न सही पर मेरी मौत का खौफ खा क्योंकि उस दिन तुझे मुझ पर ढाए हर जुल्म का हिसाब चुकाना होगा वरना तू जमीं पे होगा और मैं फलक का बादशाह।

अचानक मेरा ध्यान टूटा और मैं हड़बड़ाकर उठ खड़ा हुआ। आसपास कोई नहीं था। असमंजस में हूँ कि ये क्या-क्या बोल गया मैं। जिसे दैवी प्रेरणा समझ बैठा था वो शायद दानवी प्रकोप था या मेरे अन्दर छिपे दुनिया के दर्द से उत्पन्न सैकड़ों घावों का रिसाव, ठीक-ठीक कह पाना मुश्किल है। मैं चुपचाप उठा और सीधे नीचे अपनी इकलौती फटी चड्ढी को उठाने लपका। पड़ोसी का कुत्ता उसे दाँतों में फँसाकर फाड़ रहा था। किसी तरह उससे छीनकर लाया हूँ और सुई-धागे से सिलते हुए सोच रहा हूँ कि कुछ नया मिलने की आशा मात्र ने मुझे कितना स्वाभिमानी बना दिया कि मैंने उस चड्ढी को फेंक दिया जो एक अन्तरंग मित्र की तरह फटते दम तक मेरे साथ रही। आज तो किसी तरह कुत्ते के जबड़े से अपनी इज्जत बचा लाया, कल शायद ये मौका न मिले!

हक तमाम मुर्दों का

एक दिन एक बीवी-बच्चों वाले महाशय जा रहे थे तो देखा कि उनकी जमीन पर कोई मकान बनवा रहा था। पूछने गए तो बात इस बात पर आकर खत्म हुई कि 'क्या कर लोगे'। पुलिस या कचहरी जाने में जमीन की कीमत से ज्यादा खर्चा होने का अन्देशा था। परेशानी अलग और जब तक फैसला आता तब तक तो उस कब्जा करनेवाली की कई पीढ़ियाँ उसमें रह चुकी होतीं। आजकल अदालतों में वही जाता है जिसे मामला उलझाकर तारीख लेनी होती है, इन्साफ तो आउट ऑफ स्टॉक है। उनकी अन्तरात्मा ने उन्हें उनकी बेबसी पर बहुत कोसा। बीवी को बताया तो वो पहले बहुत भड़की पर अपने पति की बेबसी का शायद उसे अन्दाजा था इसलिए बोली–जाने दो, जान है तो जहान है। पति बच के निकल गए। उनकी बुजदिली को बीवी के आँचल ने ढक दिया।

कुछ दिन बाद खबर आई कि जिसने कब्जा किया था वो चल बसा। बीवी बोली–देखो, लोग खाली हाथ आते हैं और खाली हाथ ही चले जाते हैं। क्या फायदा इस झगड़े-फसाद का। नादान थी बेचारी, नहीं जानती थी कि सब खाली हाथ नहीं जाते हैं। वो आदमी जाते-जाते भी अपने साथ तीन फीट चौड़ी और छह फीट लम्बी जमीन ले गया था। उसकी समाधि उन्हीं की जमीन पर बनी थी। बीवी को लगा सभी सन्त, महात्माओं, धार्मिक ग्रन्थों ने उसके साथ छल किया है। यहाँ तो ये आदमी वाकई अपने साथ जमीन ले गया। बीवी बौखला गई। पति ने लाख समझाया कि शुक्र करो कि वो नेहरू जी या गांधी जी जैसा बड़ा आदमी नहीं था वरना

हमारी सारी की सारी जमीन जाती रहती। छह फीट की जगह है, जाने दो हम उस चबूतरे के ऊपर बड़ा-सा डायनिंग टेबल रख देंगे, किसी को दिखेगा भी नहीं कि नीचे समाधि है। समाधि के ऊपर बैठकर मजे से खाना खाएँगे। बात का वजन बढ़ाने के लिए उन्होंने कहा कि मन्दिर और मस्जिदों के विवादों के बारे में तो सुना ही होगा, नीचे कुछ और, और ऊपर कुछ और होता है। इस पर भी बीवी न मानी। उसका मानना था कि धर्मग्रन्थ झूठ नहीं बोल सकते हैं। इस बात ने उसकी धार्मिक आस्था पर चोट की। हमारी धार्मिक आस्था बहुत नाजुक सी चीज है जिसे बात-बात पर चोट लग जाती है। एक चोट से उबर नहीं पाते हैं कि दूसरी चोट लग जाती है। एक दिन उसे जरूर कैंसर होगा। बहरहाल, बीवी ने आव देखा न ताव और अदालत में दावा कर दिया कि उनके पास खुद के रहने की जगह नहीं है और उधर एक मुर्दा उनकी जमीन पर कब्जा किए हुए है। तारीख पर तारीख मिलती गई। बहस होने की नौबत ही नहीं आ रही थी। क्योंकि बहस हो तो किससे? मुर्दा तो आराम से लेटा हुआ था। कई सालों बाद मुर्दे की तरफ से सरकारी वकील नियुक्त किया गया और बहस हुई।

बीवी ने कहा कि जज साहब जिस गीता की आपने मुझे अभी कसम दिलाई है, उसमें भी लिखा है कि मनुष्य अपने साथ कुछ नहीं लेकर जाता है पर यहाँ तो ये मुर्दा मेरी जमीन खा गया। जज बीवी के पक्ष में था। पर सरकारी वकील ने दलील दी-माई लॉर्ड, ये बहुत ही ऐतिहासिक फैसला होगा क्योंकि आज उस जमीन पर कब्जा मुर्दे का है, उस हिसाब से पहला हक मुर्दे का है और अगर आपने मानवता के आधार पर इस मुर्दे की जमीन छीनकर इस महिला को दे दी तो कल लोग ताजमहल, राजघाट, शान्तिवन, हुमायूँ का मकबरा आदि जगह पर रहने लगेंगे। ये उन तमाम मुर्दों के हक का प्रश्न है जो बेचारे अपने हक में आज बोल भी नहीं सकते। जज को ये बात भी जँच गई। उसने अगली तारीख देना मुनासिब समझा।

समाचार-पत्रों की बदौलत मामले ने तूल पकड़ा। जिन्होंने अभी तक उस मुर्दे की सुध तक न ली थी, वे जाग गए। उसकी समाधि की जगह का मुआयना किया गया। फिर आनन-फानन में उस शख्स के नाम से कई नज्में और गजलों की किताब छपवाई गई और अगली तारीख से पहले वे

एक विख्यात शायर बन चुके थे। इस तरह एक और शायर का नाम उन शायरों में जुड़ गया जिन्हें मरणोपरान्त ख्याति मिली थी। बाकी आसपास की जमीन भी घेर ली गई। और उस स्थल का नामकरण भी कर दिया गया। उस छह फीट के चक्कर में पूरी जमीन जाती रही। बीवी ने सोचा कि इससे अच्छा था कि उस समाधि को डायनिंग टेबल ही बना लेते। उस दिन से मैं जब कभी भी किसी मुर्दा शायर के बारे में सुनता हूँ तो मेरे कदम अनायास ही उसकी समाधि या मजार की तरफ हो लेते हैं और उसके बाद वहाँ से सीधा पटवारी के घर जा जमीन के असली मालिक का नाम जानकर, तसल्ली कर ही उनकी किताब पढ़ता हूँ।

हर समाज को कुछ बड़े लोगों की जरूरत होती है इसलिए किसी न किसी को बड़ा तो बनाना ही पड़ता है। जिन्दा आदमी को बड़ा बनाने से वो और बड़ा बनने को देखता है और लोगों के लिए सिरदर्द बन जाता है। मुर्दा को बड़ा बनाने में सुविधा है। बेचारा कुछ नहीं माँगता। उसे अपनी जरूरतों के हिसाब से छोटा-बड़ा किया जा सकता है। इसलिए मुर्दों को बड़ा बनाने में किसी को हिचक नहीं होती। हमारा मामला भी कुछ ऐसा ही है। मैं बड़ा बनने की ख्वाहिश जरूर रखता था पर अब इस जन्म में कोई आशा नहीं है, अब सारा दारोमदार अपनी मौत पर रखता हूँ। अच्छी-बुरी जैसी भी है, ये कुछ गद्य लिखे जा रहा हूँ जिससे आप लोगों को मेरे नाम से लिखने की जहमत न उठानी पड़े। खाली हाथ आया था और अभी तक खाली हाथ ही हूँ। सोचता हूँ, इतने बड़े भगवान के दरबार में खाली हाथ जाते अच्छा न लगेगा। इसलिए अपनी समाधि की जगह पहले से तय कर रखी है। भगवान ने मौका दिया तो सीधा वहीं जा लेटूँगा। मेरे सिरहाने कुछ पैसे भी मैंने गाड़ रखे हैं, कृपया उन पैसों से मेरी समाधि बनवा दें और कुछ पैसे पटवारी को अवश्य दे दें, नहीं तो वो मेरी समाधि को भी विवादित घोषित कर देगा। आजकल के पटवारियों को तो आप जानते ही हैं। एक और गुजारिश है कि उन पैसों में मैं समाधि बनानेवाले की कमीशन बतौर पन्द्रह प्रतिशत अलग से छोड़े जा रहा हूँ। कृपया समाधि अच्छी बनाइएगा। मेरा लेख चाहे जैसा भी हो, समाधि अच्छी होनी चाहिए क्योंकि दुनिया समाधि देखती है, लेख नहीं।

गुरुजी आप महान हैं

समाज बच्चों को इतना सब कुछ सिखा देता है कि उनका पेट भर जाता है, इसलिए जब स्कूलों में बच्चों को कुछ सिखाया जाता है, तो वो उलटी करने लगते हैं। इसके अलावा स्कूल जो सिखाता है वो समाज के ज्ञान से मेल नहीं खाता और जो समाज सिखाता है वो स्कूल से। अपचन होना स्वाभाविक है इसलिए वो स्कूल जाने से कतराता है। अब सरकार को ये तय कर लेना चाहिए कि सिखाने का ठेका किसका है–समाज का या स्कूल का। 'ठेका' इसलिए क्योंकि जब तक ठेका शब्द न आए सरकार को काम में रुचि नहीं आती। ऐसे ही समाज के एक स्कूल की बात है।

सब कुछ तयशुदा कार्यक्रम के हिसाब से ठीक-ठाक चल रहा था। दूसरे ग्रामीण स्कूलों से अलग, यहाँ के गुरुजी कम से कम हर रोज स्कूल आते थे, समय के एकदम पाबन्द। स्कूल में बैठते थे और अपनी भेड़ों-बकरियों और भैंसों के नहाने-धोने का इन्तजार किया करते थे, तब तक धूप से भी बचाव हो जाता था। तब खाली समय में वे, मेज पर टाँग पे टाँग चढ़ाकर, एक पाँव को हिलाते हुए, अपनी और बच्चों दोनों की हाजिरी भी लगा दिया करते थे। किस बच्चे की हाजिरी लगेगी और किसकी नहीं, ये तय करने की एक जटिल प्रक्रिया थी, मसलन–किस बच्चे के बाप या माँ से उनकी आजकल कैसी पटती है, उसमें भी कई पेच थे। रसूखवालों के बाप और गरीब की माँ को ज्यादा तवज्जो दिया जाना लाजिमी था। आखिर गुरुजी भी एक इनसान थे। इसके अलावा पिछले रोज किसी ने उनकी बकरी या भेड़ को तंग किया हो तो अगले दिन

उसकी हाजिरी कटनी तय थी। इस तरह ग्रामीण स्कूलों में हाजिरी भेड़ और बकरियाँ ही तय करते थे। गुरुजी के लिए ये सबसे पेचीदा काम था। लेकिन करना भी जरूरी था क्योंकि सरकार तनख्वाह तो हाजिरी देखकर ही देती थी और मिड डे मील का राशन भी उसी हिसाब से आता था। हर सरकारी नौकर की तरह जिस कागज से पैसे मिलें गुरुजी भी उसमें कभी कोताही नहीं बरतते थे।

इन दिनों गुरुजी कुछ परेशान चल रहे थे, पिछले महीने सरकारी बाबू की बेटी की शादी थी और इत्तिफाक से उसी महीने गुरुजी ने कम हाजिरी लगाई थी, इसलिए स्कूल के लिए कम राशन स्वीकृत हुआ। जिससे सरकारी बाबुओं की कमीशन तो कम हुई ही, साथ में सरकारी राशन को बनिए की दुकान पर बेचने से पैसा भी कम मिला। बाबू बहुत नाराज था, आखिर बाबू कमीशनखोरी सिर्फ सरकारी काम की बोरियत को दूर कर चेहरे पर रवानगी लाने के लिए ही नहीं किया करता था। उसके पास इसकी कई और वजह भी थीं और उनमें से एक बेटी की शादी थी। इसीलिए, जो देशभक्त होते थे वे बेटियों को जन्म लेते ही मार दिया करते थे। ये बाबू जरूर एक गद्दार था, जिसने अपनी लाड़ली को जिन्दा रखा।

उधर उस महीने कम हाजिरी लगाना गुरुजी की मजबूरी थी। गाँव की करीब बीस गरीब औरतों ने, जिनके साथ गुरुजी के सम्बन्ध थे, जुलूस बनाकर, जमींदार से गुरुजी के चरित्र पर चर्चा करने पहुँच गई थीं। उन औरतों के बच्चों को हाजिरी देने की तो बनती ही नहीं थी। आखिर ये उनके स्वाभिमान का प्रश्न था। ये स्वाभिमान भी अजीब चीज है, अपनी मर्जी का मालिक है, न जाने कब जाग जाए और कब सो जाए! बहरहाल, उसी जागे हुए स्वाभिमान की वजह से उस महीने हाजिरी कम हुई थी। वरना गुरुजी इतने नादान नहीं थे कि सरकार को चूना लगाने का मौका मिले और वे छोड़ दें। गुरुजी बड़े खिन्न हुए, बोले–ये स्वाभिमान जब भी जागा है साले ने नुकसान ही किया है। उनका मन बेचैन था। वे अपने स्वाभिमान की गलती के लिए बाबू से माफी भी माँगना चाह रहे थे। बहरहाल, औरतों की इस हरकत से गुरुजी बहुत दुखी रहे, बोले–क्या

जमाना आ गया है! समाज में चरित्र का सख्त अभाव है जिनके साथ सम्बन्ध है वो ही शिकायत करें तो बाकियों से क्या उम्मीद की जाए!

उधर औरतों से बात करते वक्त जमींदार को गुरुजी का चरित्र समझने में समय लगा पर वे उन औरतों को तुरन्त समझ गए और नतीजा ये हुआ कि गई थीं बीस और लौटी सिर्फ सोलह। चार औरतें जमींदार ने बतौर अर्जी अपने पास रख ली। बोले–इन अर्जियों पर कार्यवाही कर ये लौटा दी जाएँगी। अर्जी रखना लाजिमी था क्योंकि बिना अर्जी के भूलने का डर रहता है। फिर नेता या अधिकारी से काम करवाना है तो अर्जी तो देनी ही पड़ती है। कागजी अर्जी समय लेती है, जीती-जागती अर्जियाँ बहुत कारगर सिद्ध होती हैं।

एक दिन अपनी सफाई में गुरुजी भी पड़ोस के गाँव की दो-तीन जीती-जागती अर्जियाँ लेकर पहुँच गए पर जमींदार ने ये कहकर लौटी दीं कि अभी तो उन महिलाओं की अर्जी पर विचार हो रहा है। ये भी एक चिन्ता का विषय था। जमींदारों ने इससे पहले कभी कोई भी जीती-जागती अर्जी नहीं लौटाई थी। ये जमींदारों का शौक था। शायद जमींदार को इस बात का रंज था कि गाँव की जो जीती-जागती अर्जियाँ जमींदार के पास थीं, गुरुजी उन अर्जियों पर पहले ही विचार कर चुके थे जो कि ठाकुरों के शान के खिलाफ था। बेचारे गुरुजी सहमे हुए उन जीती-जागती अर्जियों के रंग लाने का इन्तजार कर रहे थे।

उधर बाबू को बेटी की शादी के बाद, अपने बेटे को डाँक्टरी पढ़ाने की चिन्ता होने लगी और गुरुजी से उनके सम्बन्ध अपने आप सुधरने लगे। भारतीय कूटनीतिज्ञों को इस बाबू से कुछ सीखना चाहिए, बहरहाल, दोनों मिलकर पूर्ववत् बाबू के बेटे को डॉक्टर बनाने में भिड़ गए।

गाँव में गुरुजी की भैंसों का अलग ही रुतबा था। बच्चे और भैंसें एक ही तालाब में नहाते थे। भैंसें इस बात का बुरा नहीं मानती थीं और फिर जब तक गुरुजी हाजिरी देने की जटिल प्रक्रिया से गुजर रहे होते थे तब तक बच्चे खुद नहाते और इन भैंसों को भी काला अक्षर समझ रगड़-रगड़कर चमका दिया करते थे। गुरुजी की भैंसें काली चमचमाती मर्सिडीज की तरह चमक जाती थीं। सड़क के बीचोबीच चला करती थीं। हाजिरी

के बाद स्कूल में ताला लगाकर गुरुजी उन भैंसों के साथ हो लेते थे। सबसे आगे गुरुजी, फिर उनकी भैंसें और भेड़-बकरियाँ फिर बच्चे, पूरी सड़क घेरकर मस्ती करते हुए ऐसे लौटते थे जैसे किसी बूढ़े आदमी का जनाजा ले जा रहे हों। वैसे देखा जाए तो ये शिक्षा पद्धति का जनाजा ही था और विद्यार्थी विद्या की अर्थी ही ले जा रहे थे। ये सिलसिला बदस्तूर चलता रहा। अब तो रोज-रोज की मजबूत घिसाई के कारण भैंसों का काला रंग भी छूटने लगा। एक भैंस का रंग तो पूरा ही निकल चुका था। यह देख गुरुजी का माथा ठनका। सफेद भैंस देखकर कहीं सरकार इन्क्वायरी न बिठा दे।

गुरुजी को इन्क्वायरी का डर सताने लगा और उन्होंने तय किया कि अब वे स्कूल वाकई में खोलेंगे। स्कूल खुले हफ्ता भर ही हुआ था कि कलेक्टर साहब के पास भैंस के सफेद होने का पूरा वृत्तान्त पहुँच गया। जमींदार को दी गई जीती-जागती अर्जियाँ रंग लाईं और गुरुजी की शिकायत हो गई थी। इन्क्वायरी से बचने के लिए उन्होंने तय किया कि सफेद भैंस को गाय बना दिया जाए, कागजों में एक भैंस कम कर एक गाय बढ़ा दी गई। उसके मोटे सींग को छोटे और पतले बनाए गए। उसे बाकी भैंसों से अलग दूसरे की गायों के साथ कुछ दिन तक रखा गया, जिससे उसमें गायों के कुछ संस्कार आ जाएँ। कहते हैं साथ रहने से संस्कारों का आदान-प्रदान होता है जैसे कि हमारी पुलिस, अब उनमें और चोरों में फर्क करना मुश्किल हो गया है। खैर, इन्क्वायरी ऑफिसर आया, उस दिन स्कूल चल रहा था। गुरुजी प्रसन्न थे।

इन्क्वायरी ऑफिसर ने सफेद भैंस के बारे में पूछा तो गुरुजी साफ मुकर गए। बोले-मेरे पास गाय है, आप चलकर देख लीजिए। भैंसनुमा गाय को देखकर इन्क्वायरी ऑफिसर भी चकरा गया। बोले-इसकी शक्ल तो वाकई भैंस से मिलती है! गुरुजी बोले-ऐसे तो इस गाँव के आधे बच्चों की शक्ल यहाँ के ठाकुर से मिलती है। इसका मतलब ये तो नहीं की ये सभी ठाकुर हो गए। इन्क्वायरी ऑफिसर तुरन्त समझ गया। क्योंकि वो उस इलाके के ठाकुरों की हरकत से वाकिफ था। हालाँकि उसने भैंसों की इस हरकत के बारे में पहली बार सुना था। पर उसके सामने एक

समस्या थी कि वो इन्क्वायरी की फाइल में इस भैंसनुमा गाय के बारे में क्या लिखे और क्या कहे! बोले–मैं आपकी बात समझ रहा हूँ, पर ये गाय तो भैंसनुमा है, इसका मैं क्या करूँ! गुरुजी सरकार की हरकतों से वाकिफ थे, बोले–साहब, आप फाइल में मेरी गाय तो नस्ती करेंगे नहीं, नस्ती तो कागज ही होगा। ये सरकारी प्रमाण–पत्र है जिसमें इस गाय का उल्लेख है इसे फाइल में नस्ती कर किस्सा खत्म करें। बोले–जैसे सरकारी स्कूलों में आँकड़े बोलते हैं बच्चे नहीं वैसे ही सरकार में कागज बोलते हैं आदमी नहीं।

सरकार कागज (बैलट पेपर) के दम पर बनती है।
अर्जियों की बैसाखी पर चलती है।
ये कागजी सरकार है।
सिर्फ कागज पर ही चलती है।

चीर-हरण की संस्कृति

भारतीय संस्कृति, उसकी परम्पराएँ और सभ्यता का आधार हमारे धर्मग्रन्थ, पुराण तथा पौराणिक कहानियों में निहित है। भारत देश को अपनी हजारों साल पुरानी सभ्यता और संस्कृति पर गर्व है क्योंकि वो परम्पराएँ आज भी किसी न किसी रूप में कायम हैं।

आपने तेनाली राम का नाम तो सुना ही होगा। नहीं, तो सुन लीजिए। वे राजा कृष्णदेव राय के यहाँ विदूषक थे। तेनाली को बुद्धिमान और चालाक माना जाता है। माँ-बाप आज भी तेनाली की किताब बच्चों को खुद खरीदकर देते हैं। तेनाली राम ने राजा के बाग से बैंगन चुराए और अपनी चालाकी से बच निकला। तेनाली के बेटे ने राजा के बाग से फूल चुराए तेनाली ने उसे चालाकी से बचा लिया। तेनाली ने घोड़ों के लिए दिया गया चारे का पैसा खा लिया और फिर बच निकला। अभी दस-पन्द्रह साल पहले ऐसे ही एक बच्चे ने बड़े होकर चालाकी से गाय-बैल का चारा खा लिया। अभी तक तो बचा हुआ है। और भी कई बच्चे, जो अब बड़े हो गए हैं, अपना ये हुनर तराशने में लगे हैं और चालाकी से बच जाते हैं। बच्चे भारतीय परम्परा का निर्वहन करने में पूरी तरह जुटे हैं। आज राजा भी तेनाली है और प्रजा भी। आज तेनाली राम जैसे चतुर हर घर में हैं। राजा कृष्णदेव राय का कहीं पता नहीं। होते भी तो क्या कर लेते! उनसे एक तेनाली तो निपटा नहीं इतने सारों को क्या पटा लेते!

राजा भोज जब भी विक्रमादित्य के सिंहासन पर बैठने को होते तो एक पुतली प्रकट होती और उसे विक्रमादित्य के पराक्रम की कहानी सुना

पूछती कि अगर वो भी उतने ही पराक्रमी हैं तभी सिंहासन पर बैठ सकते हैं। ये परम्परा आज भी कायम है। जब भी कोई मंत्री बनना चाहता है तो उससे भी पूछा जाता है कि पिछले मंत्री ने कई कांड किए और पैसे कमा-कमाकर पार्टी को करोड़ों का चन्दा दिया था, क्या तुममें वो पराक्रम है? ये बात अलग है कि उस जमाने में विक्रमादित्य जैसे पराक्रमी बहुत कम थे पर अब तेनाली राम की बदौलत घर-घर में लोग पार्टी को चन्दा देने की कुव्वत रखते हैं। इसलिए हर बार बोली बढ़ती जाती है और स्वाभाविक है, कांड भी।

राम ने सीता माता की अग्नि-परीक्षा ली। आज भी लोग अपनी बीवी की अग्नि-परीक्षा लेते हैं पर वो बात अलग है कि बेचारी परीक्षा में पास नहीं हो पाती और जल जाती है। श्रीकृष्ण की रासलीला भी हमारे समाज में प्रचलित है पर अब की बीवियाँ ये झेल नहीं पातीं, उन्हें कृष्ण भी राजा हरिश्चन्द्र की तरह दूसरों के घर में ही अच्छे लगते हैं। वे भूल जाती हैं कि भारत की संस्कृति और सभ्यता ही भारत की पहचान है। देश के लिए परम्पराओं का निर्वहन तो करना ही होगा। तो बीवियो, जिस तरह आपने तेनाली राम को अपनाया है उसी तरह श्रीकृष्ण को भी अपनाइए। हिन्दुस्तान सदैव आपका आभारी रहेगा। उसकी परम्पराओं को जीवित रखने में अपना हाथ बढ़ाकर तो देखें, बहुत थामनेवाले मिल जाएँगे। भारतीय संस्कृति में नारियों की मदद करना अहम कर्तव्य माना गया है इसलिए जहाँ कहीं किसी अबला का हाथ दिखा, उसे धर लेते हैं और चीर-हरण का अभ्यास करते हैं। इतना अभ्यास करने के बावजूद बेचारे अभी तक चीर-हरण अपने माता-पिता और परिजनों के सामने कर पाने में असमर्थ हैं। पर मुझे पूरा विश्वास है कि एक दिन हम ये अवश्य कर दिखाएँगे और भारतीय सभ्यता को उसकी बुलन्दी तक पहुँचाने में कोई कसर नहीं छोड़ेंगे। चीर-हरण हमारे सांस्कृतिक इतिहास का अंग है, ये बात और है कि अब श्रीकृष्ण ने इज्जत बचाना बन्द कर दिया है। इनसान तो अपना कर्तव्य कर रहा है पर भगवान नहीं कर रहे हैं। अब उनसे कौन पूछे कि वो अपना काम क्यों नहीं कर रहे हैं, हम तो ये सरकारी बाबू से भी नहीं पूछ पाते।

आदिवासियों के अँगूठे में जरूर कोई खास बात है, चिरकाल से उनका अँगूठा देखते ही लोगों को शरारत सूझती है। उनका रोम-रोम उत्तेजित हो सम्भावनाओं से भर उठता है। आदिवासियों की भी पाँच उँगलियाँ होती हैं। साधारणतया इन पाँचों में से सबसे छोटे अँगूठे पर किसी का ध्यान ही नहीं जाना चाहिए पर ऐसा नहीं होता। इसकी वजह सम्भवतः द्रोणाचार्य की बदमाशी है जिन्होंने एकलव्य का अँगूठा माँग लिया क्योंकि एकलव्य भी एक आदिवासी था। उस दिन से सब आदिवासियों के अँगूठे के पीछे पड़ गए हैं। लोग आदिवासियों से कागज पर अँगूठा लगवा उनकी जमीन हथिया लेते हैं। सरकार भी उनके अँगूठे से बहुत डरती है कि कहीं चुनाव में वे उसे अँगूठा न दिखा दें। कुछ का मानना है कि जन्म होते ही आदिवासियों का अँगूठा काट देना चाहिए, यही सब फसाद की जड़ है। पर कोई नेता उनका अँगूठा काटना नहीं चाहता क्योंकि अगर अँगूठा ही नहीं रहा तो अँगूठा-छाप नेता कहाँ जाएँगे! हम द्रोणाचार्य की सुझाई युक्ति का निर्वहन कैसे करेंगे? आखिरकार द्रोणाचार्य भी हमारी सांस्कृतिक इतिहास का अभिन्न अंग जो हैं।

हाँ, कई जगह हमने अपनी परम्परा के साथ खिलवाड़ भी किया है। पहले लड़ाई में जो राजा हारता था उसे मार दिया जाता था पर अब हारनेवाले को जिन्दा छोड़ दिया जाता है। और जब वो सरकार में नहीं होता है तो शान्ति से नहीं बैठता और कुछ-कुछ करता रहता है। वापस सत्ता हासिल करने के उपाय ढूँढ़ता है। आराम से बैठी जनता को उकसाकर भरी दुपहरी में भी सड़क पर उतारता है, चक्का जाम करता है, हड़ताल करता है, साँठ-गाँठ करता है। कुल मिलाकर सरकार और जनता दोनों को बहुत तंग करता है। अपनी परम्परा से हटकर चलने का दुष्परिणाम तो भुगतना ही होगा। अगर अपनी परम्परा को कायम रखते तो इसी बहाने कम से कम कुछ नेता तो कम होते। पर कुछ लोग अब भी ऐसे हैं जो सत्ता के लिए अपने प्रतिद्वन्द्वी को मार गिराते हैं और चैन से राज करते हैं। इन विषम परिस्थितियों में भी भारतीय परम्पराओं के निर्वहन का श्रेय इन्हें जाता है। पर ऐसे मामलों में हमारी न्यायपालिका के सघन योगदान को भी नजरअन्दाज नहीं किया जा सकता। वे इन मामलों का फैसला देने में ही

इतना वक्त निकाल देती हैं कि उसका कोई औचित्य ही नहीं रह जाता। न्यायपालिका की ये भूमिका बहुत महत्त्वपूर्ण है क्योंकि इस रवैए से विषम परिस्थिति में भी भारत की परम्परा की आन और शान के लिए लड़नेवालों को बल मिलता है।

हमारे राजा-महाराजा और देवी-देवता तक, उन्हें जो स्त्री भा जाती थी उसे उठा ले जाया करते थे। पर अब लड़की को उठाने से, देवी-देवताओं का तो पता नहीं पर पुलिस को बहुत अखरता है कि ये उठनेवाली चीज थी तो पुलिसवालों ने उसे पहले ही क्यों नहीं उठा ली और लट्ठ लेके उठानेवाले के पीछे पड़ जाते हैं। देवी-देवता आज भी उठाते हैं कि नहीं, ये सही-सही कहना मुश्किल है पर मैंने अक्सर लोगों को ये कहते सुना है कि बेचारी भरी जवानी में भगवान को प्यारी हो गई! इसका आप जो भी अर्थ लगा लें। पुलिस तो फिर भी घूस लेकर छोड़ देती है पर भगवान का कोई भरोसा नहीं है। लोग तो उसे भी घूस देते हैं पर काम होने की कोई गारंटी नहीं होती। उम्मीद पर दुनिया कायम है। यह प्रयास सतत जारी रहेगा।

टाइम पास

एक दिन हमारे काफी करीबी मित्र घर आए और मुझसे मेरा हालचाल पूछा। मैंने कहा—बस चल रहा है...टाइम पास।

वे बोले—ऐसा कब तक चलेगा?

मैंने कहा—आजीवन। ये जीवन ही टाइम पास है।

वे बोले—तो आप समझते हैं कि आपका जीवन टाइम पास है।

मैंने कहा—मेरा ही नहीं, ये जीवन ही टाइम पास है। तुम्हारा भी।

उन्होंने पहले तो थोड़े इस तरह का मुँह बनाया जैसे पाँव गोबर पर पड़ गया हो। फिर बोले—मेरे जीवन में मेरी बीवी है, दो बच्चे हैं। क्या वे टाइम पास हैं?

मैंने कहा—बिलकुल, कोई शक!

इस पर वे भड़ककर बोले—तो मेरी बीवी तुम्हारे लिए टाइम पास है...साले शर्म करो, वो तुम्हारी भाभी लगती है जिसे तुम टाइम पास कह रहे हो!

वे भिनभिनाते हुए जाने को हुए तब मैंने कहा—अरे, मैं जिन्दगी की बात कर रहा हूँ और आप खामखा अपनी बीवी को घुसेड़े चले जा रहे हैं!

वे झल्लाए—अभी तुमने मेरी बीवी को टाइम पास कहा।

मैंने समझाने का प्रयत्न किया—मेरे कहने का मतलब है कि जब जिन्दगी ही टाइम पास हो तो बीवी की क्या अहमियत!

इस पर वे फिर भड़के—वाह, अब हमारी बीवी की कोई अहमियत ही नहीं है। तुम्हारा हालचाल पूछने आया था, अपने बीवी-बच्चों की ऐसी-तेसी कराने नहीं। चलता हूँ, सड़ो यहाँ मेरी बला से!

इतना कहकर वे चलते बने और फिर कभी न लौटे।

यह वाकया बताना इसलिए जरूरी था क्योंकि मैं यह नहीं चाहता हूँ कि मेरा ये लेख पढ़ने के बाद आप कोसों दूर किसी भागी हुई गधी या बकरी को खोजना ज्यादा पसन्द करेंगे बजाय मेरे लेख पर बहस करने के। इसलिए आपसे गुजारिश है कि ये लेख पढ़ते वक्त अपनी बीवी, बच्चे और यदि उनसे भी कोई और चीज आपको अजीज हो, जैसे—कुत्ता आदि तो उनका स्मरण धोखे से भी न आने दें। ये लेख उनके बारे में नहीं है।

एक दिन अचानक ही खयाल आया कि तकरीबन नब्बे प्रतिशत लोग दुनिया में आकर क्या हासिल करते हैं। अपने जीविकोपार्जन की जटिलताओं में उलझे रहते हैं, बच्चे पैदा करते हैं और जीवन भर उन दस प्रतिशत लोगों की तरह—जिन्होंने नाम कमाया है—बनने की दबी, कुचली, मैली सी ख्वाहिश को सुबह-शाम खून पिलाते रहते हैं। और एक उमर के बाद किसी पैत्रिक सम्पत्ति की तरह उस ख्वाहिश को अपने बच्चों को दे देते हैं और खुद दुनिया से निकल लेते हैं। दूसरे शब्दों में कहा जाए तो तकरीबन नब्बे प्रतिशत लोग दुनिया में सिर्फ 'टाइम पास' करते हैं। यह एक दुखदायी एवं एक कटु सत्य है। अगर कोई इस सत्य को आत्मसात् कर ले और जीवन को उसी मन:स्थिति से जीए जिस मन:स्थिति से वो टाइम पास करता है तो जीवन में इनसान को दुख नहीं के बराबर होगा। क्योंकि 'टाइम पास' टाइम पास ही होता है उसमें प्रतिष्ठा, वेदना, प्रेम आदि जैसी दुखजनित भावनाओं को चोट नहीं लगती और लोगों की नाजुक नाक सही-सलामत रहती है। टाइम पास का कोई औचित्य ही नहीं है इसलिए दुखी होने का सवाल ही नहीं उठता है।

पर ज्यादातर लोग इस टाइम पास को गम्भीरता से लेने से बाज नहीं आते और नतीजा ये कि जो समय आराम से कट सकता था वो तनाव में कटता है। लेकिन कटता जाता है। वैसे तनाव भी जीवन के कई रसों में से

एक रस है–थोड़ा कड़वा और खट्टा है, पर रस है। जैसे सन्तरे और गन्ने का रस वैसे तनाव का रस। तनाव का रस उन्हीं को पीना चाहिए जिन्हें तनाव से आनन्द की अनुभूति हो या आत्महत्या करनी हो। बाकियों के लिए इस रस में कोई पौष्टिकता नहीं है। मनुष्य अपने जीवन की शुरुआत में पढ़ाई करके टाइम पास करता है। जैसे कॉलेज पहुँचते हैं वहाँ कुछ टाइम और मिलता है जिसे वे समाज-सेवा या राजनीतिक गतिविधियों के साथ जुड़कर खपाते हैं। जिनका इनमें भी मन नहीं लगता वे प्रेम-प्रसंगों में मुँह मारते हैं। जिनके पास और समय बचता है वे इसी प्रकार के कई क्रियाकलापों में एक साथ संलग्न हो जाते हैं। स्नातक होने पर फिर कुछ और लोग छूट जाते हैं। बाकी आगे पढ़कर समय काटते हैं। उसके बाद कुछ समय नौकरी तलाशने में जाता है फिर कहीं मास्टरी कर पूरा जीवन काट देते हैं।

अगर आप भी कुछ इसी तरह टाइम पास कर रहे हैं तो आप बहुत भाग्यशाली हैं क्योंकि हिन्दुस्तान में इस तरह के शाकाहारी टाइम पास करने की सुविधा हर कोई नहीं जुटा सकता है। अधिकतर लोगों को मांसाहारी टाइम पास में ही शरण मिलती है। यहाँ तक कि शाकाहारी तरीकों से टाइम पास करनेवाले भी जब खुद से उकता जाते हैं तो मांसाहारी हो जाते हैं और शादी कर लेते हैं। फिर और टाइम पास करने की जरूरत महसूस होती है तो बच्चे पैदा कर लेते हैं। बच्चे पैदा करने से एक फायदा जरूर है कि काफी लम्बे समय तक खुद के लिए किसी नए टाइम पास की खोज से बच जाते हैं। और फिर बच्चे के टाइम पास की व्यवस्था में जुट जाते हैं। डांस क्लास, जूडो-कराटे क्लास, ट्यूशन आदि में भिड़े रहते हैं। हालाँकि समाज शादी को शाकाहारी ही मानता है। पर यही बच्चे जब शादी के बाहर प्रेम सम्बन्ध से पैदा हों तो समाज उसे मांसाहारी मानने लगता है। शाकाहारी होना या न होना ये समाज की सुविधा पर निर्भर है, इनसानों की हरकतों पर नहीं।

आजकल ज्ञान देने का टाइम पास बहुत ही प्रचलित है जो किसी जमाने में शाकाहारी माना जाता था पर अब धीरे-धीरे उसके भी दाँत नुकीले होने लगे हैं। ज्ञान देने की अच्छी-खासी दुकानें खुल गई हैं।

कई-कई जगह पर तो व्यवसाय से लेकर सुखी दाम्पत्य जीवन तक पर ज्ञान दिया जाता है। ज्ञान की दुकान अन्य दुकानों से भिन्न होती है क्योंकि इसमें ज्ञान देने और लेनेवाले दोनों का अच्छा-खासा टाइम पास होता है। पर कई बार कोफ्त भी होती है, जैसे—एक बार मेरे मित्र ने किसी से कहा कि मैं एक नए प्रकार का रेलवे इंजन बना रहा हूँ, शोध करीब-करीब पूरा हो गया है। बस इतना सुनना था कि ज्ञान देने को आतुर साहब बोले कि उसमें चक्का गोल लगाना। एक क्षण को मेरे मित्र को लगा कि छत से कूद पड़े पर किसी तरह अपने आपको सँभाला उन्होंने।

कम्पीटीशन की परीक्षाएँ भी टाइम पास करने का अच्छा जरिया हैं। सौ नौकरियों के लिए लाखों लोग सालोसाल इसकी तैयारी में भिड़े रहते हैं। उनका अच्छा टाइम पास हो जाता है। तीस-चालीस रुपए का एक फॉर्म भरिए और साल भर के लिए किसी नए टाइम पास के झंझट से मुक्ति पाइए।

इनसान किसी भी टाइम पास को अधिक समय तक करेगा तो निःसन्देह ही उससे ऊब जाएगा फिर वो टाइप पास टाइम पास न रहकर मजबूरी बन जाती है इसलिए उसे निरन्तर किसी नए टाइम पास की तलाश रहती है। हो न हो इनसानों में अपनी जरूरत से ज्यादा पैसा कमाने की ललक भी एक अलग टाइम पास अपनाने की ओर उठता कदम हो! ज्यादा पैसा आने पर मल्टीप्लेक्स में जाकर फिल्म या थिएटर में जाकर नाटकों का मंचन देख टाइम पास करते हैं, शॉपिंग मॉल में जाकर तरह-तरह के कपड़े खरीदकर टाइम पास करते हैं। किताबें, खरीद, उन्हें पढ़कर टाइम पास करते हैं। क्लब, सोसाइटीस, चिट फंड आदि के सदस्य बन टाइम पास करते हैं। महिलाएँ सुनार की दुकानों पर बैठ नए-नए डिजाइनों पर घंटों चर्चा तब तक करती रहती हैं जब तक कोई दूसरा टाइम पास न मिल जाए, जैसे—पति या बच्चे के घर आने का समय हो जाए या किसी किटी पार्टी के आमंत्रण का। कई गहने बनवाकर उसे तुड़वाती हैं, फिर बनवाती हैं, इस तरह सालोसाल टाइम पास करती हैं। दूसरे शब्दों में कहा जाए तो ज्यादा पैसा कमाकर अलग-अलग तरीके से

टाइम पास करने की आजादी हासिल करते हैं। या फिर यह कहना अनुचित न होगा कि उस अतिरिक्त पैसे से लोग अपने लिए नए-नए टाइम पास खरीदते हैं। इस तरह के टाइम पास में पहले पैसा कमाने में टाइम पास होता है फिर उसे खर्च करने में।

कुछ लोग आपस में एक-दूसरे की बुराई कर समय खपा लेते हैं। एकदम मुफ्त टाइम पास। शादी लगवाना और फिर उसे तुड़वाना एक किफायती टाइम पास है। खासकर महिलाएँ इसका भरपूर लुफ्त उठाती हैं। बुद्धिमान लोग रोज-रोज नया टाइम पास खोजने से बचने के लिए देश सुधारने जैसे लम्बे-चौड़े टाइम पास में भिड़ जाते हैं और सालोसाल आराम से काट देते हैं।

इस तरह टाइम पास करने की जद्दोजहद को जीवन कहा जा सकता है। और अपने कामों से दूसरों का टाइम पास करना सबसे बड़ा परोपकार है। हमारे नेता यही करते हैं। मिलने जाओ तो दो-तीन दिन आराम से इन्तजार में कट जाते हैं। सरकार को पत्र लिखो तो आप उसके इन्तजार में कई-कई साल काट सकते हैं। पर इन सबसे बड़ी परोपकारी संस्था हमारी अदालतें हैं जो कई-कई साल तो छोड़िए, कई-कई पीढ़ियों का टाइम पास करवा देती है। कुछ लोग जो अपने टाइम पास के लिए सरकार की ओर नहीं निहारते हैं, वे अपने घर की चौखट पर बैठ पूरा जीवन काट लेते हैं। बाकी गाँव के तालाब किनारे।

इस तरह जीवन इन छोटे-बड़े टाइम पास की एक लम्बी-चौड़ी दुकान है। जहाँ लोग अपनी-अपनी हैसियत, दिलचस्पी और बोरियत के हिसाब से इसे खरीदते और बेचते हैं। जीवन में इनसान टाइम पास करने के लिए तरह-तरह के यत्न करता रहता है इसलिए अगर कोई इनसान किसी दूसरे इनसान के टाइम पास का जरिया बन सके तो मेरी समझ में उससे बड़ा पुण्य का कोई और काम हो ही नहीं सकता है। इसलिए अक्सर देखा गया है कि उन रिश्तों की ज्यादा अहमियत होती है जो ज्यादा टाइम पास करवाते हैं, जैसे—पति और पत्नी, बच्चे और माता-पिता आदि। टाइम पास अनन्त है, निर्विकार है, निराकार है, सर्वज्ञ है, है भी और नहीं भी है। टाइम पास न जन्म लेता है और न ही कभी मरता है।

टाइम पास अजर-अमर है। कभी-कभी तो मुझे शंका होती है कि कहीं टाइम पास ही भगवान तो नहीं है।

इनसान जब सत्तर-अस्सी साल टाइम पास कर सकता है तो जाहिर है कि इस विषय पर सत्तर-अस्सी पेज लिख पाना कोई मुश्किल काम नहीं है। पर अब बस, अभी इतना ही। मुझे अभी के लिए एक दूसरा टाइम पास मिल गया है।

क्यों हुआ न टाइम पास इसे पढ़कर? आशा करता हूँ कि आपके टाइम पास की अनन्त शृंखला में इस टाइम पास का श्रेय आप मुझे जरूर देंगे। अगर और टाइम पास करने की जरूरत महसूस हो तो टाइम पास के साक्षात् भगवान होनेवाली बात पर अवश्य सोचिएगा।

तो बोलती बन्द हो जाएगी

विधाता हमसे बात करे तो करे कैसे? पत्थर बोला नहीं करते और जो बोलते हैं, उनकी पूजा नहीं होती। ऐसा नहीं है कि लोगों ने पत्थरों को बुलवाने की कोशिश नहीं की। एक ने तो उस पर करोड़ों रुपए फूँक डाले और फिल्म बनाई 'गीत गाया पत्थरों ने' पर गाना तो दूर उसमें से तो पत्थरों के आपस में टकराने की आवाज भी नहीं आई। उसके बाद एक फिल्म में तो अमिताभ बच्चन ने भी पत्थर के भगवान को खूब उकसाया जिससे कि वो कुछ तो बोले, पर भगवान टस से मस नहीं हुए। अन्त में झक मार के फिल्म के निर्देशक को पत्थर की मूर्ति से एक फूल गिराना पड़ा। पर कोशिशों का सिलसिला जारी रहा। लोगों ने उसकी मूर्ति से आभूषण चुराए, वे नहीं बोले। दान-पात्र पर डाका डाला, वे नहीं बोले। कई बार उसे उसकी जगह से हटाया गया, वे फिर भी नहीं बोले। तब सोचा गया कि भगवान तो निर्मोही है, उसे इन भौतिकता के छिन जाने से फर्क नहीं पड़ता। तब लोगों ने उनके नाम पर दंगे किए, बलात्कार किए, हत्याएँ कीं, वे फिर भी नहीं बोले। नौकरशाहों और राजनेताओं ने भी प्रयास किए, जितना बन पड़ा देश की सम्पत्ति को लूटा, वे नहीं बोले। मन्दिर के नाम पर ट्रस्ट बना, सरकारी जमीनें हथियाई गईं, वे नहीं बोले। उन्हें सियासती मोहरा बनाकर गली-गली घुमाया गया, वे फिर भी नहीं बोले। पर मजाल है कि लोगों की आस्था पर आँच भी आई हो! लोगों का ये विश्वास है कि एक न एक दिन भगवान जरूर बोलेंगे। और आज भी पूरी शिद्दत से लोग ऐसे प्रयासों में लगे हुए हैं। भगवान बोलें या न बोलें

पर इनसानों का ये सदियों से चला आ रहा संग्राम वाकई काबिले-तारीफ है। इनसानों ने इनसानियत की सीमाएँ लाँघकर पशु बनना भी सहर्ष स्वीकारा और अपने इस संग्राम को हर रोज एक नए अन्दाज से बुलन्दी पर ला बैठाया। उनका ये बलिदान स्वर्णिम अक्षरों में लिखा जाएगा। आज पूरा देश इस संग्राम में जुट गया है और भगवान को बुलवाने की मुहिम जारी है।

इनसान गलतियों का पुतला है, अक्सर सोचता हूँ कि अगर विधाता इनसान को समझाना चाहे कि बेटा ऐसा मत कर, नहीं तो आगे चलकर तेरी बैंड बजनेवाली है, तो उसे समझाए कैसे? कुछ का मानना है कि वो परिस्थितियाँ ऐसी पैदा कर देता है कि इनसान को समझौता करना ही पड़ता है। पर ऐसे मजबूर और बेबस करके तो इनसान भी अपनी बात मनवा लेते हैं, इसमें विधातावाली कौन सी बात है। हालाँकि इसमें इनसान वाली (इनसानियत वाली) भी कोई बात नहीं है। लेकिन दुनिया चलती इसी हैवानियत से ही है, जिसे कभी इनसान के खाते में डाल दी जाती है तो कभी भगवान के। भगवान के खाते की हैवानियत लोग अपने आप ही झेल लेते हैं और इनसान की झेलनी पड़ती है। और जो नहीं झेलते, न झेलें, उससे भगवान को कोई फर्क नहीं पड़ता। कुछ लोगों का मानना है कि विधाता हमसे बात करने के लिए इनसानों से अचानक ही कुछ ऐसा बुलवा देते हैं जिस पर उस इनसान का कुछ अख्तियार नहीं होता और वो बोल जाता है। अगर वाकई ऐसा है तो बेहतर है कि विधाता न ही बोलें क्योंकि अक्सर मैंने लोगों को गाली बकने के बाद यह कहते सुना है कि माफ करना दोस्त, अचानक मुँह से निकल गया, मेरा मतलब वो नहीं था।

अनायास ही मुझे खयाल आया कि विधाता कहीं शराब में तो नहीं जा बसे हैं क्योंकि उसके सेवन से भी कुछ ऐसा ही होता है। इसके अलावा उसे पीने के बाद आदमी को ये बोध होता है कि वो दुनिया का सबसे शक्तिशाली आदमी है, वो कुछ भी कर सकता है, सिवाय अपनी बीवी के किसी से नहीं डरता। ये भी तो परमात्मा सर्वशक्तिशाली विधाता के गुणों में से एक है। पर शराब तो चीजों के सड़ने के बाद बनती है,

कहीं ऐसा तो नहीं कि समाज के साथ भी कुछ ऐसा ही हुआ हो और विधाता उत्पन्न हुए हों। बात सोचनेवाली जरूर है पर समझनेवाली नहीं है। अगर ये सत्य होता तो अंग्रेजी और देसी शराब में इतना फर्क नहीं होता क्योंकि विधाता भेदभाव करने के लिए नहीं जाने जाते हैं।

पुराने जमाने में तो विधाता और लोगों के बीच संवाद होते रहते थे। ऐसा श्रीमद्‌भागवत पुराण में लिखा है। और कोई मिले न मिले नारद जी अवश्य मिल जाते थे। पर जिस दिन से विधाता पत्थर में जा घुसे, संवादहीनता की स्थिति पैदा हो गई है। वो कुछ बोलते ही नहीं और दिन पर दिन यहाँ अन्याय बढ़ता ही जा रहा है। और नारद जी भी नदारद हैं। खैर, उनकी मजबूरी तो समझ में आती है, पहले जंगलों में आराम से भटकते फिरते थे पर अब उन्हें बच-बच के चलना पड़ता है, न जाने किस पत्थर में भगवान बसे हों! और अपने भगवान के ऊपर पाँव रखकर कैसे चलें। इसलिए नारद जी अधर में पाँव लटकाए, निश्चित ही किसी नीबू-मिर्च की लड़ी में ठसकर बैठे होंगे। और किसी ट्रक के आगे झूलते हुए या दीवार से टँगे-टँगे बुरी नजरों को ताड़ रहे होंगे।

बोलने मात्र से प्रामाणिकता सिद्ध नहीं होती, हकीकत में करके दिखाना पड़ता है। लेकिन लोग बोल-वचन के इतने आदी हो चुके हैं कि पत्थरों के न बोलने से कई बार शंका करते हैं कि क्या वाकई भगवान पत्थरों में बसते हैं। पर मेरा मानना है कि भले ही पत्थर कुछ बोलते नहीं हैं पर वे हमें उनमें भगवान होने का अहसास जरूर दिला देते हैं। क्योंकि जब किसी का बस नहीं चलता तो अन्त में भगवान ही तो काम आते हैं। जैसे मंच से बोलते नेताओं को पत्थर ही चुप करा सकते हैं। जले बर्तनों का दाग अच्छे से अच्छा डिटरजेंट नहीं छुड़ा पाता पर पत्थर छुड़ा सकते हैं। दो पत्थरों को रगड़ने से आग उत्पन्न होती है। बिजली न हो तो आटा पीसने के लिए पत्थर की हाथ-चक्की काम आती है। कौए ने भी घड़े से पानी पीने के लिए उसमें पत्थर डाले और पानी का स्तर बढ़ गया। पत्थर में भगवान होने के और भी प्रमाण हैं– अच्छी तपती धूप में पत्थर गरम होते हैं और अन्दर बैठे भगवान का दिमाग भन्नाता है। इसलिए ज्यादा गरमी से तबाही मचती है। एक बार

जो जेल गया उसका जीवन फिर कभी पटरी पर वापस नहीं आता, ये पत्थर में भगवान होने का ही प्रमाण है क्योंकि वहाँ कैदियों से पत्थर तुड़वाए जाते हैं। और तो और इसका सबसे सशक्त प्रमाण है कि जब पत्थर तबीयत से किसी की खोपड़ी पर पड़ जाए तो वो भगवान को प्यारा हो जाता है। पत्थर और भगवान के इस अटूट सत्य को कोई नहीं झुठला सकता चाहे कोई कितना भी पत्थर विरोधी क्यों न हो। पारस पत्थर के बारे में तो आपने सुना ही होगा। पत्थर की महिमा अपरम्पार है। ये जरूरी नहीं है कि हर चीज का प्रमाण बोलकर ही दिया जाए। पर महिलाएँ ये बात समझती ही नहीं हैं और न जाने कितनी बार रो-रो के आई लव यू बुलवाती हैं।

किसी चीज की उपयोगिता समझ में आ भर जाए, काम निकलवाना महिलाओं को आता है। उनकी यही खासियत भगवान को भी ले डूबी। अब वे भगवान से आटा पिसवाने से लेकर बर्तन मँजवाने तक का काम करवाती हैं। महिलाओं का चौका-बर्तन करने से भगवान को फुर्सत मिले तो ही वे सृष्टि पर ध्यान दे पाएँगे। इधर सृष्टि की हालत पतली होती जा रही है पर ज्यादातर महिलाओं को इससे क्या, बस उनके पति और बच्चों के लिए आटा और साफ बर्तन मिल जाए, बाकी चीजों से उन्हें कोई मतलब ही नहीं है। महिलाओं को बनाकर वो अपनी कृति से खुद ही हार गया। इधर सारी दुनिया भगवान को बड़ा बना रही है और उधर महिलाएँ उसे जूठे बर्तनों पर रगड़-रगड़कर छोटा करने में तुली हैं। भगवान की ये हालत देख मुझे भी अब लगता है कि काश! पत्थर बोल पाते क्योंकि जब-जब उन्हें जूठे बर्तनों पर रगड़ा जाता होगा तब-तब भगवान उस दिन को कोसते होंगे जब उन्होंने पत्थर में रहने का फैसला लिया, अगर पत्थरों की जुबान होती तो कम से कम चिल्लाकर अपनी भड़ास तो निकाल पाते—हे अबलाओ, मैं तुम्हारे बाप का नौकर नहीं हूँ।

लेकिन फिर खयाल आता है कि क्या वाकई भगवान इतना बेबस हो सकते हैं? विधाता हैं तो इतनी बेगैरत और जिल्लत की जिन्दगी क्यों जी रहे हैं। सामने आते क्यों नहीं? जो द्वापर युग तक बोला करते थे अचानक

कलियुग में चुप क्यों हो गए? कहीं ऐसा तो नहीं कि विधाता पत्थरों में बसते ही नहीं। शायद इसीलिए कलियुग का कोई विधाता ही नहीं है। विधाता वापस देवलोक में जा बसे हैं क्योंकि कलियुग से खदेड़े जा चुके हैं। पुराने जमाने में विधाता इनसानों में जान फूँका करते थे। अब इनसान पत्थरों में भगवान फूँकते हैं। क्योंकि वो चाहता ही नहीं है कि भगवान बोले अगर भगवान बोलने लगे तो बहुतों की बोलती बन्द हो जाएगी। ये देख विधाता को भी कोफ्त तो हुई होगी पर वो बेचारा भी क्या करे! आज इनसानों की आस्था पत्थरों में है। अब उसे अपने अस्तित्व का अहसास दिलाने के लिए पत्थरों से बुलवाना होगा पर अफसोस पत्थर बोलते नहीं हैं!

ये दौर है बेईमानों का

एक देश था। वहाँ राजा-महाराजाओं का राज था। विश्व भर में प्रजातंत्र की लहर चली। एक क्रान्ति हुई और प्रजातंत्र स्थापित हुआ। कुछ आम लोगों के साथ बहुत से राजा स्वयं या उनके नुमाइन्दे चुनकर सत्ता में आ गए। बेचारे भली मंशा से बाकायदा चुनाव लड़ सेवक बनने निकले थे पर लोगों ने राजा बना दिया क्योंकि आम जनता की मानसिकता वही रही, वो सत्ता की तरह रातोरात नहीं बदलती। चुने हुए लोग पीढ़ी-दर-पीढ़ी चुनकर आते रहे और प्रजातंत्र के नाम पर राजा-महाराजाओं का राज चलता रहा। फर्क इतना था कि पहले राजकोष का सारा पैसा खुद राजा का था, वो सजग हो उसकी निगरानी करता था पर प्रजातंत्र आने के बाद राजकोष देश का हो गया। पहले कम से कम एक आदमी तो राजकोष को अपना समझ ईमानदारी से रखवाली करता था पर अब कोई भी नहीं।

जैसे-जैसे समय बीतता गया, सेवक होने का इल्म जाता रहा और राजा होने का अहसास घर कर गया। चुने हुए राजाओं को बड़ी कोफ्त हुई कि शासन तो हाथ आ गया पर राजकोष नहीं। बिना राजकोष का राजा उस भिखारी के समान होता है जिसके हाथ-पाँव सही-सलामत हों। बिना तीर के खाली कमान से डराना हास्यास्पद था और मुश्किल भी। जनता ने सेवक को राजा बना उनके साथ बड़ी नाइनसाफी की। कई तो महज राजा नाम होने पर ही राजकोष को अपना समझ बैठते हैं फिर ये तो चुने हुए राजा थे। वैसे इन्हें चुने हुए कह लीजिए या छँटे हुए, बात एक ही थी। पर बेचारे करें तो क्या करें! वहाँ सत्तर-अस्सी से ज्यादा मंत्री थे। सबकी

नजर उस राजकोष पर थी। सीधे-सीधे पैसा निकालना आसान न था। ज्यादातर वक्त इसी उधेड़-बुन में गुजर जाता कि कैसे राजकोष के पैसे पर हाथ साफ किया जाए।

किसी तरह उन बेचारों ने अभी चोरी करने का तंत्र रचा ही था कि कुछ अफसर उनके काम में अड़चन पैदा करने लगे। अब उन अफसरों के पैसे कमाने का जरिया भी बनाना पड़ा। इसलिए राजकोष से और चोरी करनी पड़ी। पर उनकी परेशानियाँ कम होने का नाम ही नहीं ले रही थीं। कुछ ईमानदार अफसर घूस लेने को तैयार नहीं हुए। तब यह तय हुआ कि ऐसे अफसरों का तबादला कर उन्हें प्रताड़ित किया जाए और उनका तबादला होने लगा। अभी इनको राहत मिली ही थी कि मीडिया नामक एक दैत्य आ खड़ा हुआ। अब इन चुने हुए राजाओं को इन्हें भी पटाना था। उन राजाओं को और रकम चोरी करनी पड़ी। जहाँ सौदा पट जाता वो ठीक और जहाँ नहीं पटा वहाँ फिर एक और दिक्कत खड़ी हो जाती। मीडिया बदनामी करता। कुछ लोग अदालतों में गुहार लगा देते। अब राजा को उस अदालत के जज को भी पटाना था। उन बेचारे चुने हुए राजाओं को और चोरी करनी पड़ी। वहाँ भी अगर सौदा पट गया तो ठीक, नहीं तो फिर सजा। फिर जेलर को पटाओ कि जेल में आराम की व्यवस्था हो सके। फिर जेल से छूटने के लिए बीमारी का सहारा लेना पड़ता तो अब डॉक्टर को पटाओ फिर से एक और खर्चा। अब इन सब खर्चों की व्यवस्था करनी पड़ी। जाहिर है, इसके लिए और अधिक जोखिम लेकर राजकोष की चोरी करनी पड़ती। लेकिन बेचारे क्या करते राजधर्म तो निभाना ही था!

इतनी जटिलताओं से परिपूर्ण व्यवस्था बनाना आसान न था। पर इतना सब करने पर भी उनको राहत न थी। इस पूरी शृंखला में जो पट न पाए साथ मिलकर मोर्चा उठाने लगे। इसका भी समाधान जरूरी था, नहीं तो चोरी करने के बाद सुकून नहीं था। रोज-रोज के झंझट से उकता गए थे। आखिर इनसान पैसा सुकून के लिए ही कमाता है, जान आफत में डालने के लिए नहीं। ये तय हुआ कि क्योंकि किसी भी व्यवस्था में सबको पटाना सम्भव नहीं है इसलिए अब जो भी ईमानदारी दिखाए, उसे

मार दिया जाए—न रहेगा बाँस न बजेगी बाँसुरी। पर फिर सवाल आया कि चाहे जैसा भी हो, आखिर ये है तो प्रजातंत्र, लोग बवाल खड़ा कर देंगे और सत्ता जाती रहेगी। पर इस पर दो मत थे। एक का कहना था कि कुछ नहीं होगा। जनता बेचारी सुबह से शाम तक अपने लिए अगले वक्त की रोटी जुगाड़ने में इतनी मसरूफ रहती है कि उसे ईमानदार लोगों की जान से कुछ लेना-देना नहीं है। और जिसके पास पैसा है वो इतना खुदगर्ज है कि इस मौत में भी अपना फायदा देखेगा। हाँ, जैसा कि किसी भी मैयत का दस्तूर है, लोग शोक तो व्यक्त करेंगे ही। यही हमारा चरित्र है, जब तक खुद का कुछ न जाए दूसरों के साथ खड़े होने में क्या जाता है।

दूसरे का मत था कि अगर जनता बवाल कर ही दे तब भी पुलिस, न्यायालय आदि को पटाना उन्हें आता है। जैसा कि अभी तक चोरी के मामलों को सलटाते आए हैं ये मौत भी सलटा देंगे।

फिर एक और प्रश्न उठा कि क्या ईमानदार अफसरों को मरवा देना सही है? इस पर जब चर्चा गरमाई तो ये निष्कर्ष निकला कि ये बिलकुल सही है। क्योंकि ईमानदार अफसर के कारण ही राजकोष की ज्यादा चोरी होती है अगर वो पहले ही इन चुने हुए राजाओं को पैसा लेने देता तो फिर मीडिया, जज, पुलिस, जेलर, डॉक्टर आदि की व्यवस्था के लिए निकाले गए पैसे तो बच जाते। दूसरी बात, ईमानदार अफसर आखिर करता ही क्या है? बड़ी-बड़ी गाड़ियों का सुख, देश-विदेश घूमने का सुख, पहाड़ों पर आलीशान महलनुमा मकान बनाने का सुख, पाँच सितारा होटलों में खाना खाने का सुख आदि न खुद भोगता है न ही अपने परिवारवालों को भोगने देता है। और जब उसे ये सब सुख भोगना ही नहीं है तो पृथ्वी पर उसका क्या काम! जब तक इन संसारियों के बीच रहेगा दूसरों को सुख भोगते देख कुंठित होगा और अड़ंगा लगाता रहेगा। खुद भी परेशान रहेगा और दूसरों को भी परेशान करेगा। ऐसे आदमी को या तो वन की ओर प्रस्थान कर जाना चाहिए या वैकुंठ। अब वन तो हम भेज नहीं सकते तो वैकुंठ ही सही।

फिर किसी ने आवाज उठाई कि ईमानदार अफसर जनता के पैसे की हिफाजत करता है। बहुत हंगामा हुआ। फिर किसी ने सबको चुप कराते हुए कहा कि अरे, छोड़ो, अगर जनता को अपने पैसे की इतनी ही पड़ी

होती तो हम जैसों को चुनकर नहीं भेजती, इन जैसे ईमानदार अफसरों को ही नेता बना देती। जनता तो ऐसी है कि अगर कल हम ये नियम पारित कर दें कि हर सुबह लैट्रिन जाने से पहले हर आदमी को किसी न किसी सरकारी मुलाजिम से तीन जूता खाना है तो रात को दो बजे से लाइन लगनी शुरू हो जाएगी। प्रमाण के लिए ये नियम बना दिया गया और हुआ भी कुछ ऐसा ही, जो सक्षम थे वे घूस देकर बिना जूता खाए लैट्रिन हो आते और कुछ अपने ड्राइवर, माली, चौकीदार आदि को भेज लाइन में खड़ा कर देते। वो तो अच्छा है कि लैट्रिन खुद जाना पड़ता है, नहीं तो सक्षम लोग वो भी अपने नौकरों से ही करवाते। जब जनता से पूछा गया कि आप इसके खिलाफ आवाज क्यों नहीं उठाते, तो जवाब आया कि अब देश सुधारें कि लैट्रिन जाएँ?

हर राष्ट्र के जीवन में दौर आते हैं–कभी बुद्धिजीवियों का दौर तो कभी व्यापारियों का दौर, वैसे ही ये बेईमानों का दौर है। कुछ कम हैं, तो कुछ ज्यादा। इस दौर में ईमानदारों का कुछ काम नहीं है। ये बात सबको तर्कसंगत प्रतीत हुई और एक ईमानदार अफसर को मरवाकर देखा गया। हुआ भी कुछ वैसा ही जैसा सोचा था, कुछ लोगों का कुछ दिन नाटक हुआ पर फिर वही रोजी-रोटी की दौड़ चालू हो गई।

इन चुने हुए राजाओं को इतनी मशक्कत के बाद चैन से जीने का ये रास्ता मिला। अब जाकर ये चुने हुए राजा कुछ सुकून महसूस कर रहे हैं। वाकई ये ईमानदार लोगों को मरवाने का अचूक बाण काम कर गया। पर सेवक को राजा बनाने का जो अपराध ज़नता ने किया है, उसके लिए भविष्य शायद ही उन्हें माफ करेगा। क्योंकि सेवक को राजा बनाना आसान था पर राजा को वापस सेवक बनाना नामुमकिन।

करप्ट खयालों का क्या करें?

अभी तक मैं समाज के तौर-तरीकों को समझने में असफल रहा हूँ। बच्चा जब जिद करता है तो समझाने-बुझाने की प्रक्रिया के बाद रामबाण यानी झापड़ का प्रयोग सहज माना जाता है। जैसे किसी भिनभिनाती मक्खी को हाथ से एक-दो बार हटाने की कोशिश के बाद सट से मारा जाता है। कोई सरकारी मुलाजिम काम करने में आनाकानी करे तो उसे घूस देना उचित समझा जाता है। पेड़ पर अपनी दुम के बल उलटे लटके ठीक उस चिम्पांजी की तरह जिसे नीचे आने के लिए खाने की चीजों का प्रलोभन दिया जाता है। कोई स्त्री पुरुषों से हँस-हँस के बातें करे तो उसे सन्दिग्ध चरित्र का समझना आज स्वाभाविक है। जैसे वो बात न कर रही हो बल्कि सड़क किनारे किसी खम्भे से टिककर सिगरेट के धुएँ का छल्ला बना लोगों को रिझा रही हो। कोई कुँआरा हो तो उसे शादी के लिए प्रेरित करना लोग अपना जन्मसिद्ध अधिकार समझते हैं। ऐसा वे अपनी बीवियों को बचाने के लिए करते हैं या फिर स्वतंत्र विचार की बीवियों से कुँआरों को बचाने के लिए, ये मेरी समझ से परे है।

पेपर या टी.वी. पर नजर आने का एक अजीब सा शौक लोगों को कुछ भी कर गुजरने को लालायित करता है। पर कुछ महिलाएँ इस मामले में भी बदकिस्मत होती हैं। क्रिकेट के मैदान में बिना कपड़ों के आ जाने पर भी टी.वी. वाले स्कोर बोर्ड या आकाश में उड़ती चिड़िया दिखाना ज्यादा पसन्द करते हैं। पहले जो पढ़ाई में कमजोर होते थे उनको ट्यूशन की जरूरत होती थी और इस बात को छुपाना लाजिमी भी था। पर

आजकल तो लोग सरेआम अपने बच्चों को ट्यूशन के लिए भेजते हैं और गौरवान्वित महसूस करते हैं।

सबके पास इन हरकतों के पीछे कई कारण भी हैं पर मैं उन कारणों को पचा नहीं पाता हूँ। जाहिर है, ये समस्या मेरी है लोगों या समाज की नहीं। मेरे हिसाब से लोग तुष्टीकरण की बैसाखी के सहारे चल रहे हैं। और बेचारे करें भी तो क्या करे! लोगों को नैतिकता के अलग-अलग मापदंड जो ढोने पड़ते हैं—एक खुद के लिए, एक दूसरों के लिए, एक अपने बच्चों के लिए आदि-इत्यादि और ऐसा करना भी स्वाभाविक ही माना जाता है। सोच-विचार कर बनाए गए इन नैतिक मूल्यों का सार यही है कि खुद करे तो चमत्कार और कोई करे तो अत्याचार। इस जमाने में अपने पके बालों को देख आईने पर दोष मढ़नेवालों की कमी नहीं है।

इन्हीं नैतिक मूल्यों के आपस की आपाधापी से उत्पन्न ज्वार पर आधारित एक धारावाहिक की हाल ही में शुरुआत हुई, जिसे 'आजादी की दूसरी लड़ाई' का नाम दिया गया। टेलीविजन पर सास-बहु सीरियल के बाद ये सबसे प्रचलित सीरियल रहा। जिस तरह सास-बहू में तुलसी के पति के वापस आने को लेकर लोगों के मन में कौतूहल था, उसी शिद्दत से लोगों ने सरकार और आजादी के दूसरे वाले लड़ाकुओं के बीच की तनातनी देखी। किसी इश्तिहार की तरह पन्द्रह या बीस दिनों तक ये सभी टेलीविजन चैनलों पर चौबीस घंटे चला। इश्तिहार का असर होना भी स्वाभाविक था, तभी तो बड़ी-बड़ी कम्पनियाँ इस पर करोड़ों-अरबों रुपए खर्च करती है। टी.वी. देवता की कृपा से एक जनमत बना। प्रजातंत्र के इस बोनसाई के सामने आखिरकार सरकार को घुटने टेकने पड़े।

काश 'आजादी की पहली लड़ाई' के वक्त भी ये टेलीविजन होते तो शायद हम 1857 में ही आजाद हो गए होते। तब गांधी जी भी एक आजाद भारत में पैदा होते। और न ही ये धारावाहिक उत्पन्न होता। बहरहाल गांधी जी की आत्मा जो कि 2 अक्टूबर और 30 जनवरी को ही श्रद्धा पाने की अभ्यस्त हो चुकी थी। उसे इस लड़ाई के दौरान काफी मशक्कत करनी पड़ी। टी.आर.पी. का जमाना है। चौबीस घंटे सीधा प्रसारण करने को प्रतिबद्ध टी.वी. चैनल गांधी जी को दिन हो या रात जब मन किया समाधि

से उठाकर कैमरे के सामने रखने में जरा भी नहीं हिचकिचाए। इससे पहले कि वे इस अकस्मात् श्रद्धा के आक्रमण से सँभल पाते, इन पन्द्रह या बीस दिनों में गांधी जी की रूह को न जाने कितनी बार झाड़-पोंछ के साफ किया गया और एक स्टूडियो से दूसरे और दूसरे से तीसरे स्टूडियो घुमाया गया। वे सोचने लगे कि आखिर वो उनकी कौन सी बात है जो सत्तर साल बाद लोगों को समझ आई। जब पता चला कि ये 'करप्शन' के खिलाफ है तो उन्हें समझते देर न लगी कि लोगों ने हाथी को जाने दिया है और उसकी पूँछ को पकड़ने का प्रयास कर रहे हैं। पर ये न समझ पा रहे थे कि उनके बनाए मार्ग पर चलकर ये लोग 'करप्शन' को कैसे रोक सकते हैं क्योंकि ये तो वे स्वयं भी नहीं कर पाए थे। उनके जमाने में भी 'करप्शन' व्याप्त था। और उनका मानना था कि 'करप्शन' आदमी के अन्दर रहता है अगर 'करप्शन' दूर करना है तो आदमी को स्वयं अपनी अन्तरात्मा को सुधारना होगा। फिर ये अनशन किस बात का और किसके खिलाफ! क्योंकि अगर आदमी के अन्दर चोर हो तो इसमें सरकार क्या कर सकती है? चोर चोरी करने का रास्ता निकाल ही लेता है। जो करना है आदमी को स्वयं ही करना है। अगर वो सिर्फ अपना ही ठेका ले ले तो करप्शन अपने आप ही गायब हो जाएगा।

गांधी जी ने भगवान का शुक्रिया अदा किया कि उनके जमाने में अच्छा हुआ ये टी.वी. चैनल नहीं थे अन्यथा उनका सारा समय टी.वी. चैनलों को इंटरव्यू देने में नष्ट हो जाता, वे लड़ाई की रूपरेखा क्या खाक बनाते! टी.वी. पर इतना बड़ा हंगामा शायद उनके गले भी नहीं उतरा, और उन्होंने तय किया कि वे भी रामलीला मैदान जाएँगे जहाँ ये सब चल रहा था और देखेंगे कि मसला क्या है। उन्होंने देखा कि महाराष्ट्र के एक गाँव का रहनेवाला दिल्ली में अनशन पर बैठा है। वे अचम्भित हुए कि भला उसे दिल्ली आने की जरूरत क्यों पड़ी? वे आगे बढे, मैदान में घुसने के लिए लोग अपनी स्वाभाविक प्रवृत्तियों का खुल के इस्तेमाल करते हुए लाइन तोड़ रहे थे। अन्दर कॉलेज के लड़के-लड़कियाँ अपनी ही मस्ती में चूर थे, ऐसा प्रतीत हुआ जैसे वे किसी अनशन में नहीं बल्कि यकायक किसी मेले में पहुँच गए हों। टोपियाँ और झंडे दुगुने दामों में बिक रहे थे।

ढोल-नगाड़े बज रहे थे। टी.वी. कैमरा के मंच बने हुए थे जो रह-रहकर कैमरा लोगों की तरफ करते और लोग कैमरा को आकर्षित करने के लिए तरह-तरह के उपक्रम कर रहे थे। माँ-बाप अपने नवजात शिशुओं को कैमरे के सामने लाने का ये मौका खोना नहीं चाहते थे। कुछ लोग तो टी.वी. चैनल के रिपोर्टर्स का ऑटोग्राफ लेने में व्यस्त थे। सबसे ज्यादा लोग यहीं मंच के आसपास ही एकत्र थे। इस हंगामे को देख गांधी जी हैरान हो स्तब्ध रह गए। कुछ लोग अन्दर घुसते ही मंच की तरफ न जाकर दूसरी तरफ मुड़ रहे थे मानो वहाँ कोई और बड़ा सन्त बैठा हो, जो आदमी की मूलभूत जरूरत पूरी कर उन्हें तृप्ति प्रदान कर रहा हो। जाकर देखा कि वहाँ वाकई कुछ ऐसा ही था-मुफ्त में जी भर खाने की व्यवस्था थी जिसका लोग भरपूर आनन्द उठा रहे थे। एक ही मैदान के एक कोने से दूसरे कोने तक जाते-जाते दृश्य कितना बदला हुआ था। विश्वास नहीं हो रहा था कि महाराष्ट्र के गाँव का वो आदमी दिल्ली आकर जिन लोगों के लिए अनशन कर रहा था वो लोग जी भर के फेंक रहे थे। गांधी जी का मानना था कि अनशन करने से शरीर और आत्मा की यहाँ शुद्धि होती है। उन्हें लगा कि इन सब लोगों को अनशन करने की जरूरत थी, उस भले आदमी को नहीं जो मंच पर बैठा था। ऐसे लोगों के दम पर सरकार को झुकाने का साहस वाकई काबिले-तारीफ था। उन्होंने इतने अनशन किए पर उन्हें कभी किसी मातम को मेले की तरह पेश आते नहीं देखा था। सुना था जमाना बदल गया पर इस कदर बदलेगा, इसकी आशा नहीं थी। सोचने लगे कि एक वो आजादी की लड़ाई थी और एक ये है। उस जमाने की कुर्बानियों को याद कर अनायास ही उनकी आँखों से आँसू निकल आए। उन्होंने नाथूराम गोडसे की रूह को नमन किया और फिर तुरन्त ही समाधि में जा घुसे।

गांधी जी ने तो समाधि में सिर छुपाकर छुट्टी पाई। पर हमें तो इसी समाज में रहना है। कोई समाज के पाँच-दस प्रतिशत चीजों से असहमत हो तो बात समझ में आती है पर मुझे लगता है कि मैं शायद ही पाँच-दस प्रतिशत चीजों से सहमत हूँ। वैसे मेरी सहमति या असहमहति से कोई फर्क पड़नेवाला है नहीं। बच्चे यूँ ही पिटते रहेंगे, औरतों की खिल्ली

उड़ाई जाती रहेगी, सरकारी बाबुओं से घूस व्यवहार चलता रहेगा और लोग खुद के अन्दर बैठे शैतान की तारीफों के पुल बाँधते रहेंगे। अपनी हर गिरी से गिरी हरकत को, कभी मजबूरी का तो कभी व्यावहारिकता का लबादा पहनाते हुए 'करप्शन' का ये सिलसिला बदस्तूर यूँ ही जारी रहेगा। पैसे की चोरी तो पकड़ी जा सकती है पर अन्दर बैठा शैतान, जो मानसिक करप्शन पैदा कर करप्ट खयालों को जन्म देता है उसका क्या करे? व्यक्ति और व्यवस्था दोनों को बदलना होगा। खैर, अब तक जैसे-तैसे चालीस-पैंतालीस साल कटे हैं, आशा करता हूँ कि बची हुई जिन्दगी तो नहीं, पर हाँ, मुर्दगी जरूर कट जाएगी।

अंग्रेजी का रोब

अंग्रेजी भाषा का अपना अलग ही रोब होता है। ये भाषा सही और गलत के दायरे से ऊपर उठ चुकी है। बस अंग्रेजी होनी चाहिए, रोब अपने आप आ जाता है। कई बार पूरा का पूरा व्याकरण ही गायब रहता है पर भाषा के रोब में कोई कमी नहीं आती। हमारे लिए अंग्रेजी सुनना किसी कापालिक क्रिया से कम नहीं है। इसके उद्गार मात्र से ही ऊपर की साँस ऊपर रह जाती है और इनसान अन्दर ही अन्दर हाँफने लगता है जैसा कि आपने अक्सर टी.वी. इंटरव्यू में हमारे नेताओं को अंग्रेजी बोलते समय पाया होगा। ऐसी मन:स्थिति में इनसान सिर्फ भाव पकड़कर, उसका जवाब सोचकर, उत्तर देने के लिए अपनी सभी ज्ञानेन्द्रियों को वाक्य-विन्यास में भिड़ा देता है। और ये जटिल प्रक्रिया तब तक चलती रहती है जब तक सामनेवाला बोलना न बन्द कर दे। आखिर उत्तर भी तो अंग्रेजी में ही देना है। अंग्रेजी में बोलनेवाले को हम अक्सर बीच में काटते भी कम हैं क्योंकि वाक्य-विन्यास के लिए जितना समय मिल जाए उतना ही अच्छा है। इसलिए हिन्दी में होनेवाले वार्तालापों की बनिस्बत अंग्रेजी के डिसकशन ज्यादा सभ्य नजर आते हैं।

बहरहाल, हमारे देश में इस भाषा के प्रयोग से काम अक्सर हो जाया करते हैं। बात भी सही है क्योंकि काम तो रोब से होते हैं, व्याकरण से नहीं। और जहाँ व्याकरण से काम होते हैं वहाँ का व्याकरण ही अलग होता है, वहाँ कोई भाषा काम नहीं आती, जैसे– सरकारी दफ्तर। गांधी जी के फोटो वाले नोटों से शुरू होकर, व्याकरण वहीं समाप्त हो जाता है। जो

काम नहीं होनेवाला होता है वो भी होते हुए प्रतीत होते हैं क्योंकि वापस अंग्रेजी में समझाने के झंझट से बचने के लिए बाबू 'ok' कहकर छुट्टी पाते हैं। और आप बिना उसकी मजबूरी समझे, समझने लगते हैं कि आप का काम हो रहा है।

कुछ का मानना है कि अंग्रेजी भाषा का प्रयोग लोग अक्सर अपनी अज्ञानता छुपाने के लिए भी करते हैं क्योंकि उन्हें मालूम है कि अंग्रेजी बोलने से ज्यादा बहस की गुंजाइश नहीं है। और मेरे हिसाब से वो इसलिए है कि अभी तक हमने अंग्रेजी में बोलनेवालों को ठेठ हिन्दी में गाली देना नहीं सीखा है और अंग्रेजी की गालियाँ हमने अंग्रेजों के जमाने से इतनी सुनी है कि अब उनमें वो दम नहीं रहा। हमें स्वतंत्रता भी अंग्रेजी के कारण ही मिली, क्योंकि अंग्रेज जान गए थे कि उनका बाकी का काम अब अंग्रेजी कर लेगी, इसलिए अंग्रेजी को यहाँ छोड़कर वो चले गए। अंग्रेज सही सोचते थे।

आप भी सोच रहे होंगे कि अगर अंग्रेजी का रोब है, तो रहे, इससे भला मुझे क्यों परेशानी हो रही है! आपका सोचना भी सही है और मुझे बड़े खेद के साथ कहना होगा कि शायद आप ये समझेंगे भी नहीं क्योंकि अंग्रेजी भाषा के रोब की वेदना को एक हिन्दी का लेखक ही समझ सकता है। खयालों की अभिव्यक्ति साहित्य के माध्यम से हुआ करती है। साहित्य का सम्बन्ध पहले सिर्फ खयाल से था, पर अब ऐसा प्रतीत होता है कि जब ये खयाल अंग्रेजी साहित्य का अंग हो तो उसमें सुर्खाब के पर लग जाते हैं। एक ऐसा खयाल जो शायद किसी और भाषा में अँगड़ाई लेते ही दम तोड़ देता, अंग्रेजी में बाकायदा सुबह अँगड़ाई लेने के बाद 'मॉर्निंग वॉक' पे जाता है, नहा-धोकर सूट-बूट तानकर बाकायदा अंग्रेजी नाश्ता करता है फिर खयाली दुनिया में खो जाता है किसी नए खयाल की अँगड़ाई में शामिल होने को। अंग्रेजी के लेखक जरा ज्यादा ही जल्दी में होते हैं, दो-तीन कहानियाँ लिखीं और उन्हें 'फेम' की याद सताने लगती है और वे उसकी ओर बेतहाशा भागने लगते हैं। और जिन हिन्दीभाषी साहित्यकारों को ये बीमारी हो जाती है वे अंग्रेजी में लिखना शुरू कर देते हैं। ये दोष साहित्यकारों का है या अंग्रेजी का, ये ठीक-ठीक कह पाना मुश्किल है।

पिछले दिनों मैं करीब चौबीस-पच्चीस घंटों तक रुकता-रुकता, तीन-चार जहाज बदलकर अमेरिका पहुँचा। वहाँ भिखारी से लेकर राष्ट्रपति तक, सभी अंग्रेजी बोलते हैं। किसका रोब किस पर चलता है, समझना मुश्किल था। पहले पहल तो मैं समझा कि वहाँ का भिखारी, बड़े रोब से अंग्रेजी में भीख माँग रहा है, पर उसे करीब से देख के ऐसा नहीं लगा। अलबत्ता वहाँ के राष्ट्रपति जब हाल ही में हिन्दुस्तान में अमेरिका के लोगों के लिए पचास हजार नौकरियाँ खोज रहे थे तब जरूर ऐसा महसूस हुआ था। अमेरिका में भी अंग्रेजी का रोब झाड़ने के लिए लोगों ने किस्म-किस्म के बोलने के तरीके ईजाद किए हैं और शायद इन्हीं की देखादेखी हिन्दुस्तान में भी कुछ लोग अब अंग्रेजी भी नुक्ता लगा के बोलने लगे हैं। ऐसे नुक्ताखोर अंग्रेजी बोलनेवालों से मैं परहेज करना ही अपनी सेहत के लिए अच्छा समझता हूँ। अमेरिका का ये हाल देखकर लगा कि शायद ये जगह इतना कष्ट करके आने लायक नहीं है। हो न हो, कोलम्बस महीनों की कष्टदायी समुद्री यात्रा करके अमेरिका ही खोजने निकला था। अमेरिका पहुँचने पर उसे भी मेरी तरह ही शायद कुछ अहसास हुआ होगा और उसने झेंप मिटाने के लिए अमेरिका की खोज को अपनी गलती मानी। बहरहाल, गलती तो गलती ही है। कोलम्बस की गलती का हर्जाना तो सारा विश्व भुगत रहा है, अब देखना ये है कि मेरी इस भूल का हर्जाना कौन भुगतेगा। वैसे मैं अपने पाठकों को इससे बचाने की पूरी कोशिश कर रहा हूँ।

अमेरिका में मैं अपने एक मित्र के यहाँ रुका था, बड़ा आलीशान बँगला था, यही कोई आधे एकड़ में फैला हुआ था, स्वीमिंग पूल आदि सुख-सुविधाओं से सुसज्जित। पर अचानक उन पर एक विपदा आन पड़ी। उनके अमेरिका में रहने की मियाद पूरी हो रही थी, अब उन्हें अपने वतन हिन्दुस्तान वापस लौटना था। पर वे वापस हिन्दुस्तान जाकर छोटे-से मकान में नहीं रहना चाहते थे क्योंकि अमेरिका का ये बड़ा मकान उन्हें हिन्दुस्तान में सिर छुपाने के लिए एक छोटी-सी खोली के अलावा कुछ और नहीं दे सकता था। आजकल हिन्दुस्तान में जमीन की कीमतें कुछ ऐसी ही हैं। सोचता हूँ क्यों न सारे के सारे हिन्दुस्तान की जमीन बेचकर हम सब हिन्दुस्तानी अमेरिका में बड़ी जमीन ले लें और हिन्दुस्तान को

वहीं पर स्थापित कर दें। पर हिन्दुस्तान बेचनेवाली बात नई नहीं है, उसे तो हमारे नेता न जाने कब से बेचते चले आए हैं इसलिए चलिए वापस अपने मित्र की विपदा की ओर चलें। बहुत वकीलों से जद्दोजहद के बाद अमेरिका में बरकरार रहने का सिर्फ एक ही रास्ता सूझा कि वे किसी अमेरिकन लड़की से शादी कर लें जो कि सबसे आसान काम था। शादी की तारीख तय हुई, दोनों वर-वधू अपने-अपने दोस्तों के साथ चर्च पहुँचे। पादरी ने लोगों की रजामन्दी जान उन्हें पति-पत्नी घोषित करते हुए ईसा मसीह की आज्ञा सुनाते हुए कहा कि "अब आप एक-दूसरे का चुम्बन ले सकते हैं।" हमारे मित्र पहले तो अवाक् रह गए फिर अपने आपको सँभालते हुए बस इतना कहकर झेंप गए कि 'बड़े भोले हैं ईसा मसीह जी।' यह देखकर कम से कम मुझे कुछ सुकून मिला कि ईसा मसीह जी भी हम इनसानों की हरकतों से उतने ही अनभिज्ञ हैं जितने की हमारे देवता। इस तरह ईसा मसीह जी ने हमारे मित्र को अमेरिका में रहने के काबिल बना दिया जो हमारे देवता लाख कोशिश करके भी न बना पाए थे। वाकई, अमेरिका हमारे देवी-देवताओं के बस में नहीं है। उनका हुक्म हम पर ही चलता है। और अगर ये माना जाए कि अमेरिका सिर्फ ईसा मसीह की ही सुनता है तब ये तय है कि ईसा को या तो पेट्रोल से बहुत प्यार है या मुहम्मद और ईसा की जरा भी नहीं पटती। भाषा के झंझट में इस तरह भगवान को घसीटना मुझे अच्छा तो नहीं लग रहा है पर विश्व की परिस्थिति देखकर लगता है कि ईसा मसीह जी भी दूसरे देवी-देवताओं को और खासतौर पे मुहम्मद को दबाकर रखते हैं। हो न हो, ईसा जी भी दूसरे देवी-देवताओं पर अंग्रेजी का ही रोब झाड़ते होंगे। वाकई, क्या भाषा बनाई है जिसके आगे देवी-देवता भी बेबस हैं। पर ईसा मसीह तथा अन्य देवी-देवताओं को ये नहीं भूलना चाहिए कि ये अंग्रेजी भाषा ही है जिसमें 'GOD' को आईना दिखाने पर प्रतिबिम्ब में वो 'DOG' लिखा प्रतीत होता है। वैसे आईना दिखानेवाले से सब डरते हैं। कहते हैं आईना झूठ नहीं बोलता है। अंग्रेजी भाषा के रोब के पीछे का रहस्य कहीं ये आईना तो नहीं है।

प्यार है कि ब्लैकमनी ?

एक सज्जन ने बताया कि उसके माता-पिता और दादा-दादी अब तक बड़े नहीं हुए हैं, बच्चों का खेल खेलते हैं। मैं चौंका, तो उसने कहा कि वे कह रहे थे कि प्यार करना बुरी बात नहीं है पर हमारे सामने मत करना। वो समझ गया कि उस उमर में भी वे उससे लुका-छिपी का खेल खेलना चाहते हैं। बेचारा सोच रहा था न जाने कब बड़े होंगे!

जवान लड़के-लड़कियाँ जब शादी कर चुके होते हैं तो पहली चीज उनके जहन में आती है कि सबके सामने अपने आपसी प्यार को अभिव्यक्त न करें। कई सामाजिक व्यवस्थाओं में तो सार्वजनिक तौर पे, साथ हँसी-मजाक को भी ठीक नहीं माना जाता है फिर छूने-वूने की तो बात ही दूर है। कुल मिलाकर प्यार को हिन्दुस्तानी परिवेश में दूसरों से छुपाकर रखने की सलाह दी जाती है जैसे प्यार प्यार नहीं कोई ब्लैकमनी हो। ये तो हाल है शादीशुदा लोगों का बाकी प्यार करनेवालों की क्या स्थिति है, आप उससे वाकिफ ही हैं।

कुछ शोधकर्ताओं को ये बात बहुत विचित्र लगी। ये बात उनके गले नहीं उतरी कि एक तरफ तो समाज चाहता है कि पति-पत्नी आपस में प्यार करें फिर उसकी सार्वजनिक अभिव्यक्ति पर रोक क्यों... ? क्या हिन्दुस्तानी बड़े-बूढ़ों ने कभी प्यार नहीं किया... ? जाहिर है, किया है। फिर क्यों ? इस क्यों को जानने के लिए सबसे पहले प्यार क्या है इसे समझने की जरूरत थी कि प्यार कब, किसको, कहाँ, किससे होता है।

एक साहब को एक लड़की से प्यार हो गया क्योंकि उसका बाप बहुत रईस था, एक को इसलिए कि दोनों एक ही बस में ऑफिस जाते थे। एक

को इसलिए हुआ कि उन दोनों की शादी हो गई थी। फिर एक टी.वी. इश्तिहार से पता चला कि दो लोगों को प्यार हो गया क्योंकि वे एक ही कम्पनी के साबुन से नहाते थे। दो लोग आपस में टकरा के गिर गए और उन गिरे हुओं को प्यार हो गया। एक फिल्म से पता चला कि पल्लू उड़कर लड़के के चेहरे पर आया और उसे प्यार हो गया। आजकल के लड़के-लड़कियों को देखकर लगता है कि प्यार जिन्दगी में एक बार नहीं बल्कि बार-बार होता है। और कहीं भी किसी से हो जाता है। लोगों का दिल भी अब जुबान की तरह फिसलने लगा है। कुल मिला के ये अन्दाजा लगा कि प्यार का कोई माई-बाप ही नहीं है। और जैसा कि अक्सर होता है, बिना माँ-बाप के बच्चों की तरह प्यार भी आवारा निकल गया। कहीं भी किसी से भी यूँ ही हो जाता है और कहीं-कहीं तो आदमी और जानवर का फर्क भी नहीं पहचानता।

प्यार के नाम पर सब जायज है धर्म की तरह। सुबह चार बजे लाउडस्पीकर पर भजन-कीर्तन और अजान कीजिए, कोई कुछ नहीं बोलेगा। आपकी नींद खराब होती है तो होए...आप बीमार हैं तो रहें। क्योंकि भगवान की आराधना हो रही है। प्यार का भी मामला कुछ ऐसा ही है। एक लड़का अपने माँ-बाप को बुरी-बुरी गाली दे, घर छोड़कर जा रहा था। सोचा बीच-बचाव करूँ पर हिम्मत नहीं हुई। जो अपने माँ-बाप को इस कदर गाली बक रहा है मुझे क्या छोड़ेगा! अगर गाली मुझ तक ही सीमित रहे तो मैं झेल भी लूँ! पर उसकी गालियों का दायरा बहुत बड़ा था, माँ-बाप से होती हुई आनेवाली पीढ़ियों को भी लपेटे में ले रही थी। मैंने उसके जाने का इन्तजार किया फिर कारण पूछा। उसके बाप ने कहा–कुछ नहीं, बेटे को किसी से प्यार हो गया है। प्यार कहीं धर्म तो नहीं है क्योंकि धर्म के आवेश में आकर भी लोग बड़े बुरे की बकते हैं।

एक दिन खबर पढ़ी कि बच्ची ने आत्महत्या कर ली क्योंकि वो जिससे प्यार करती थी उसे उसका प्यार नहीं चाहिए था। मुझे लगा प्यार कहीं व्यापार तो नहीं जहाँ माल बेचनेवालों के साथ-साथ खरीदनेवाला भी होना चाहिए। वैसे ही प्यार में एक देनेवाले के साथ-साथ लेनेवाला भी होना चाहिए।

इसी शोध के दौरान प्यार के साथ मेरा एक और हादसा हुआ। एक हिरोइन थी प्यार की दीवानी। जब उनसे पूछा कि प्यार क्या है तो इतनी